LES

AVANTURES

DE MONSIEUR

ROBERT CHEVALIER,

DIT

DE BEAUCHÊNE.

Avec figures.

LES

AVANTURES
DE MONSIEUR
ROBERT CHEVALIER,
DIT
DE BEAUCHÊNE,
CAPITAINE DE FLIBUSTIERS
dans la nouvelle France.

Rédigées par M. LE SAGE.

TOME PREMIER.

A PARIS,
Chez ETIENNE GANEAU, ruë ſaint Jacques, près la ruë du Plâtre, aux Armes de Dombes.

M. DCC. XXXII.

Avec Approbation & Privilege du Roy.

LE LIBRAIRE AU LECTEUR.

LE Chevalier de Beauchêne Auteur de ces Memoires, après avoir passé près de cinquante ans au service du Roy, tant sur terre que sur mer, vint en France avec une fortune considerable; mais la passion qu'il avoit pour le jeu le dérangea bientôt, sans parler de quelques affaires d'honneur que son esprit brusque & violent lui suscita & qu'il ne put accommoder qu'aux dépens de ſa bourſe. Il perdit plus des deux tiers de ſon bien à Breſt, à Saint Malo, à Nantes, & alla s'établir à Tours avec le reſte. C'eſt dans cette derniere Ville qu'ayant pris querelle avec quelques Anglois, il ſe battit le 11 Decembre 1731. & trouva dans ce combat une mort qu'il avoit impunément affrontée dans les abordages les plus périlleux.

Dans les heures que ſa fureur pour le jeu lui permettoit d'employer à d'autres amuſemens, il s'occupoit volontiers à mettre par écrit les évenemens de ſa vie, ſe rappeller tous les coups de main qu'il avoit faits, tous les dangers qu'il avoit courus, c'étoit après le *Tope & tinque* le plus grand de ses plaisirs.

Un autre motif l'excitoit encore à ce travail, qu'il regardoit comme utile à la Societé; il s'imaginoit qu'on lui sçauroit un gré infini des moindres détails qu'il feroit des rencontres où il avoit commandé, puisque selon lui un Capitaine de Vaisseau & un simple Patron de Barque devoient avoir autant de prudence, d'adresse & de courage dans leur conduite, qu'un Amiral dans la sienne.

Peu de temps après la mort de Monsieur de Beauchêne,

un des amis de ſa veuve & des miens, m'écrivit de Tours, & me manda qu'il avoit déterminé cette Dame à faire imprimer les Memoires que ſon mari lui avoit laiſſez. Effectivement elle me les envoya en me priant de les mettre au jour, s'ils ne me paroiſſoient pas indignes de la curioſité du Public. Je les ai lûs, mon cher Lecteur, & j'ai jugé qu'ils contenoient des choſes qui pourroient vous être agréables. Au reſte, ſi dans quelques endroits vous trouvez le ſtile un peu trop marin, ſouvenez-vous que c'eſt celui d'un Flibuſtier.

TABLE DES ARGUMENS du premier Tome.

LIVRE PREMIER.

De l'origine de Monsieur le Chevalier de Beauchêne, & des amusemens de son enfance. Il se fait à sept ans enlever par les Iroquois, où il est adopté par un de ces Sauvages. Ses occupations chez eux. Il est repris quelques années après par les Canadiens, & rendu à ses parens. Il s'associe avec quelques Algonquins, & fait avec eux diverses expeditions. Après avoir chassé quatre cens hommes, fait lever le Siege de Port-

LIVRE SECOND.

ſeaux Anglois, l'un de vingt-quatre, & l'autre de trente-ſix pieces. Ils retournent à Saint-Domingue où ils partagent leurs priſes, & font toutes ſortes de débauches. Ils ſe remettent en Mer. Hiſtoire d'un Flibuſtier Philoſophe. Ils attaquent un Vaiſſeau de quarante-ſix pieces, & de trois cens hommes d'équipage, & le prennent après un rude combat; mais ils n'ont pas fait cette priſe qu'elle leur eſt enlevée par un Navire Anglois Garde-Côte, de cinquante-quatre, & une Frégate de trente-ſix pieces, qui les font priſonniers. On les envoye d'abord à la Jamaïque, & de-là dans les Priſons de Kinſelt en Irlande. Détail des maux qu'on leur fait ſouffrir. Ils meurent tous excepté le Chevalier, qui trouve moyen de ſe ſauver. Il va à Corke où il a le bonheur de trouver une veuve qui par généroſité lui rend

LIVRE TROISIE'ME.

ſous un habit de fille au Château du Baron du Meſnil, avec Lucile l'unique heritiere de ce Seigneur. Un financier trompé par l'habillement de Monneville l'emmene à Paris, ſous prétexte de le placer auprès d'une Dame en qualité de femme de Chambre; mais ayant une autre vûë ſur cette fauſſe Villageoiſe, il la met en penſion dans un Convent, n'épargne rien pour ſon éducation, & lui propoſe enfin de l'épouſer. Monneville pour ſe dérober à ſes importunitez, cherche & trouve moyen de ſortir du Convent. Il prend un habit de Cavalier, fait la conquête d'une femme de Théâtre, & devient Commis d'un gros homme d'affaire, qui veut lui faire épouſer ſa fille par force. Monneville refuſe d'y conſentir. Sur ſon refus il eſt arrêté, conduit en priſon, & dès le lendemain envoyé en Canada.

APPROBATION.

J'AI lû par l'ordre de Monſeigneur le Garde des Sceaux un Manuſcrit qui a pour titre, *Les Avantures de Monſieur Robert Chevalier, dit de Beauchêne, Capitaine de Flibuſtiers dans la nouvelle France*, & je crois que le Public recevra avec plaiſir l'impreſſion de cet ouvrage. Fait à Paris ce vingt-huit Avril mil ſept cent trente-deux.

DANCHET.

PRIVILEGE GENERAL.

LOUIS par la grace de Dieu Roy de France & de Navarre : A nos amez & feaux Conſeillers les Gens tenans nos Cours de Parlement, Maîtres des Requeſtes ordinaires de notre Hôtel, Grand Conſeil, Prévôt de Paris, Baillifs, Senéchaux, leurs Lieutenans Civils & autres nos Juſticiers qu'il appartiendra, SALUT. Notre bien amé ETIENNE GANEAU Libraire à Paris, ancien Adjoint de ſa Communauté, Nous ayant fait remontrer qu'il lui auroit été mis en main un Manuſcrit qui a pour titre, *Les Avantures du Sieur Robert, Chevalier de Beauchêne, Capitaine Flibuſtier dans la nouvelle France*, s'il Nous plaiſoit luy accorder nos Lettres de Privilege ſur ce neceſſaires, offrant pour cet effet de le faire imprimer en bon papier & en beaux caracteres ſuivant la feüille imprimée & attachée pour modele ſous le contreſcel des Preſentes. A ces cauſes, voulant traiter favorablement ledit Expoſant, Nous luy avons permis & permettons par ces Preſentes, de faire imprimer ledit Livre cy-deſſus ſpecifié en un ou pluſieurs Voulumes, conjointement ou ſeparément & autant de fois que bon luy ſemblera, ſur papier & caracteres conformes à ladite feüille imprimée & attachée ſous notredit contreſcel, & de le vendre, faire vendre & debiter par tout notre Royaume pendant le temps de ſix années conſecutives, à compter du jour de la datte deſdites Preſentes. Faiſons deffenſes à toutes ſortes de perſonnes de quelque qualité & condition qu'elles ſoient d'en introduire d'impreſſion étrangere dans aucun lieu de notre obéïſſance ; comme auſſi à tous Imprimeurs-Libraires & autres d'imprimer, faire imprimer, vendre, faire vendre, debiter ni contrefaire ledit Livre cy-deſſus expoſé, en tout ni en partie, ni d'en faire aucuns extraits ſous quelque prétexte que ce ſoït d'augmentation, correction, changement de titre ou autrement, ſans la permiſſion expreſſe & par écrit dudit Expoſant, ou de ceux qui auront droit de luy, à peine de confiſcation des exemplaires contrefaits, de quinze cens livres d'amende contre chacun des contrevenans, dont un tiers à Nous, un tiers à l'Hôtel-Dieu de Paris, l'autre tiers audit Expoſant, & de tous dépens, dommages & interêt ; à la charge que ces Preſentes ſeront enregiſtrées tout au long ſur le Regiſtre de la Communauté des Imprimeurs & Libraires de Paris, dans trois mois de la datte d'icelles ; que l'impreſſion de ce Livre ſera faite dans notre Royaume & non ailleurs, & que l'Impetrant ſe conformera en tout aux Reglemens de la Librairie, & notamment à celuy du dixiéme Avril mil ſept cent vingt-cinq, & qu'avant que de l'expoſer en vente le Manuſcrit ou imprimé qui aura ſervi de copie à l'impreſſion dudit Livre, ſera remis dans le même état où l'Approbation y aura été donnée, ès mains de notre très cher & feal Chevalier Garde des Sceaux de France le Sieur CHAUVELIN, & qu'il en ſera enſuite remis deux exemplaires dans notre Bibliotheque publique, un dans celle de notre Château du Louvre, & un dans celle de notredit très cher & feal Chevalier, Garde des Sceaux de France le Sieur CHAUVELIN; le tout à peine de nullité des Preſentes : Du contenu deſquelles vous mandons & enjoignons de faire joüir l'Expoſant ou ſes ayans cauſe pleinement & paiſiblement, ſans ſouffrir qu'il leur ſoit fait aucun trouble ou empêchement. Voulons que la copie deſdites Preſentes qui ſera imprimée tout au long au commencement ou à la fin dudit Livre, ſoit tenuë pour dûëment ſignifiée, & qu'aux copies collationnées par l'un de nos amez & feaux Conſeillers & Secretaires, foy ſoit ajoutée comme à l'original : Commandons au premier notre Huissier ou Sergent de faire pour l'execution d'icelles tous actes requis & necessaires sans demander autre permission, & nonobstant clameur de Haro, Chartre Normande & Lettres à ce contraires : CAR tel est notre plaisir. DONNÉ à Paris le dix-huitiéme jour du mois de Juillet, l'an de grace mil sept cent trente-deux, & de notre Regne le dix-septiéme. Par le Roy en son Conseil, SAINSON.

Registré sur le Registre VIII. de la Chambre Royale des Libraires & Imprimeurs de Paris, N° 392. fol. 377. conformément aux anciens Reglemens, confirmez par celuy du 28. Fevrier 1723. A Paris le vingt-deux Juillet 1732.

G. MARTIN, *Syndic.*

LES

LES AVANTURES DU CHEVALIER DE BEAUCHÊNE.

LIVRE PREMIER.

De l'origine de Monsieur le Chevalier de Beauchêne, & des amusemens de son enfance. Il se fait à sept ans enlever par les Iroquois, où il est adopté par un de ces Sauvages. Ses occupations chez eux. Il est re-

pris quelques années après par les Canadiens, & rendu à ses parens. Il s'aßocie avec quelques Algonquins, & fait avec eux diverses expeditions. Après avoir chaßé quatre cens hommes, fait lever le Siege de Port-Royal, & obligé cinq mille Anglois à se retirer, il quitte ses Algonquins, & se fait Flibustier. Il va croiser sur les Côtes de la Jamaïque, sous le Capitaine Morpain, & ensuite sous le fameux Montauban, après la mort duquel il est élû Capitaine.

MON Pere & ma Mere, François d'origine, allerent s'établir en Canada, aux environs de Montreal, sur le Fleuve Saint Laurent. Ils vivoient là dans cette heureuse tranquilité, que procure aux Canadiens la soumission que le Gouvernement exige d'eux. J'aurois été bien élevé, si j'eusse été disciplinable; mais je ne l'étois point. Dès mes premieres années, je me montrois si rebelle & si mutin, qu'il y avoit sujet de douter que je fisse jamais le moindre honneur à ma famille. J'étois emporté, violent, toujours prêt à frapper & à payer avec usure les coups que je recevois.

Je me souviens que ma Mere voulut un jour m'attacher à un poteau pour me châtier plus à son aise, & que n'en pouvant toute seule venir à bout, tout petit que j'étois, elle pria un jeune Prêtre, qui venoit au logis m'apprendre à lire, de lui prêter la main. Il lui rendit ce service fort charitablement, dans la pensée que cette correction pourroit m'être utile. En quoi, certes, il se trompa. Bien loin de regarder son action comme un trait de charité dont je lui étois redevable, elle passa dans ma petite tête pour une injure qui me deshonoroit, & que je devois laver dans son sang.

Je tournai donc toute ma fureur contre ce pauvre diable de Maître, & je résolus de le tuer. Me sentant trop foible pour exécuter seul un si grand projet, je le communiquai à plusieurs enfans, aussi méchans que moi, qui ne manquérent pas de l'approuver, & de m'offrir leurs bras pour une mort si juste. Les conjurez se munirent de pierres, & assaillirent tous ensemble le misérable auquel ils en vouloient ; de façon qu'il auroit éprouvé le sort du premier Martyr Chrétien, si quelques personnes qui passerent par hazard dans ce tems-là, ne l'eussent dérobé à nos coups. Ce bon Ecclésiastique, nommé Periac, est revenu en France dans la ſuite. Il demeure actuellement à Nantes dans un Séminaire, dont il eſt Superieur. Il n'y a pas trois mois que je l'ai vû, & c'eſt lui qui m'a fait ſouvenir de ce bel exploit, en me diſant qu'il étoit ravi d'avoir fait une fauſſe prédiction, ayant prédit dans mon enfance que je me ferois tuer avant que j'euſſe de la barbe.

Mes parens qui me voyoient faire tous les jours quelque eſpieglerie, comme celle dont je viens de parler, ne jugeoient pas de moi plus favorablement, & je m'étonne aujourd'hui que je ſois encore au monde, après m'être tant de fois expoſé à périr. Jamais enfant n'a fait paroître tant de diſpoſition à devenir un querelleur furieux, un nouvel Iſmaël fils d'Agar. Je n'étois pas content que je n'euſſe entre les mains couteaux, fléches, épées, piſtolets, c'étoient là mes poupées. On faiſoit de moi tout ce qu'on vouloit, quand on me promettoit de ces armes, & ſi l'on avoit l'imprudence de m'en donner, je les eſſayois ſur les premiers animaux que je rencontrois. Je n'avois pas ſept ans, qu'il ne reſtoit ni chat, ni chien, ni porc dans le voiſinage. C'eſt ainſi que j'exerçois ma valeur, en attendant que je fuſſe aſſez fort pour en faire un plus noble uſage, & combattre avec mes trois freres contre les Iroquois.

Ces Sauvages gagnez par les préſens des Anglois, faiſoient quelquefois des courſes juſqu'aux portes de Montreal. Ils entroient dans le pays par pelotons, ſe tenoient cachez dans les bois pendant le jour, ſe raſſembloient la nuit, & venoient fondre ſur quelque Village. Ils le pilloient, puis ſe retiroient promptement avec leur butin, après avoir mis le feu aux choſes qu'ils ne pouvoient emporter. Mais ils avoient grand ſoin ſurtout de ne pas oublier les chevelures de ceux qu'ils avoient tuez. Je les ai ſouvent vû couper de ces chevelures, & ſans contredit ils s'y prennent plus adroitement que les Barbiers d'Europe pour ne point perdre de cheveux, puiſqu'ils arrachent en même-tems la peau de deſſus le crane. Ils étendent ces peaux ſur de petits cercles d'oſier, & les conſervent précieuſement. Voilà les drapeaux qu'ils aiment à prendre ſur leurs ennemis. Il faut voir de quel œil on regarde ces trophées chez les Iroquois. On juge de leur courage par la quantité de chevelures qu'ils poſſedent. Ils ſont honorez & reſpectez à proportion, ſans toutefois que la gloire d'un pere qui ſe ſera diſtingué des autres par ſon courage, influë le moins du monde, comme en Europe, sur un fils qui paroîtra indigne de lui.

La troupe d'Iroquois qui se faisoit le plus redouter vers Chambly & Montreal, avoit pour chef un Sauvage des plus célebres. Il auroit pû lui seul fournir de cheveux le Perruquier de Paris le plus achalandé. C'étoit la terreur du Canada. Ce terrible mortel s'appelloit *la Chaudiere Noire*. Il n'y a personne en ce pays-là qui puisse se vanter de n'avoir pas frémi à ce nom formidable. Croira-t'on bien que l'on demandoit dans les Prieres publiques d'être délivré de sa rage ; de même qu'autrefois dans certaines Provinces de France, les peuples prioient Dieu de les délivrer de la fureur des Normands.

Tout ce que j'entendois dire de ce fameux Sauvage, m'inspiroit moins de crainte que d'envie de le voir. Je sçavois que les

Iroquois au lieu de tuer les enfans, avoient coutume de les emporter pour les élever parmi eux. Cela me fit souhaiter qu'ils m'enlevassent. Je suis curieux, disois-je, de connoître ces gens-là par moi-même, & d'éprouver si j'aurai aussi peu d'agrément dans leur habitation, que j'en ai dans ma famille où l'on me gronde & contredit à tout moment : Les Sauvages sans doute me laisseront manier des armes à discrétion ; loin de combattre comme mes parens le plaisir que je prens à m'en servir, ils verront avec joye mon humeur belliqueuse, & me donneront des occasions de l'exercer. Je formai donc le dessein de les aller joindre dès la premiere course qu'ils feroient vers Montreal. Ce qui ne manqua pas d'arriver peu de tems après, ainsi que je vais le raconter.

M. de Frontenac s'embarqua pour passer en France. A peine fut-il parti, que les Iroquois voulurent profiter de son absence pour se venger des ravages qui avoient été faits l'année précedente dans un de leurs Cantons * par Messieurs le Marquis de Denouville, de Cailleres, & de Vaudreüil. Ainsi de toutes parts on n'entendit plus parler que de Villages surpris, pillez & brulez. Pour moi, j'attendois impatiemment que la troupe de *la Chaudiere-Noire* s'approchât de nous, lorsqu'un soir l'allarme se répandit dans nos Quartiers. Les hommes courent aux armes, & se préparent à défendre la Patrie. Quel sujet de ravissement pour mes yeux, de voir tout le monde s'apprêter au combat. Au lieu de me cacher avec les femmes, je

* C'est celui des Sonontouans, qui fut ravagé en 1687.

me disposai à suivre mes freres, qui étoient en âge de se servir de leurs épées pour la deffense de nos Dieux Penates; & je m'écriai dans l'excès de la joye qui me transportoit, que j'étois bien aise de voir ce Sauvage dont le nom retentissoit de tous côtez. Ce qui m'attira de la part de ma mere une réprimande précedée d'un soufflet, qu'à la verité je n'osai rendre, mais que je me promis bien de ne pas laisser impuni. Je m'échappai de ses mains, quelques efforts qu'elle fît pour me retenir; & courant vers le lieu où j'entendois tirer, j'arrivai sur le champ de bataille, résolu de m'enfuir avec les Iroquois, ou s'ils dédaignoient de me prendre, d'être du moins spectateur du combat, tant pour me venger de ma mere, que pour joüir d'un spectacle qui m'étoit agréable.

Les Sauvages firent leur coup

en moins d'un quart d'heure. Ils tuérent une trentaine de personnes, avant qu'on fût en état de les repousser, mirent le feu à plusieurs maisons, & se retirerent avec un butin plus gros que riche, & quelques prisonniers, parmi lesquels mon frere aîné eut le malheur de se trouver. Comme je cherchois des yeux les Iroquois, j'en apperçus douze ou quinze qui démeubloient une maison avant que de la bruler, & qui en enlevoient deux petits enfans. Je criai aussi-tôt à pleine tête : *Quartier, Messieurs, quartier! Je me rends ; emmenez-moi avec vous.*

Je ne sçai s'ils m'entendirent : mais je me présentai à eux de si bonne grace, qu'ils ne purent me refuser la satisfaction d'être leur prisonnier. L'un d'entre eux me prit sur ses épaules, & nous rejoignîmes promptement le gros

Bonnard del. J. B. Scotin Sculp.

de la troupe. Ce qu'il y a de ſingulier, c'eſt qu'au lieu de pleurer comme les autres petits garçons, je tenois dans mes mains un chaudron & un vaſe d'étain, que le Sauvage qui me portoit avoit quittez pour me mettre ſur ſes épaules.

Après une marche de huit à dix lieuës, les Iroquois remarquant l'approche du jour, s'arrêterent dans le bois pour s'y repoſer juſqu'au ſoir. Comme ils alloient ſe remettre en chemin, ils furent tout à coup attaquez par deux cens tant Canadiens qu'Algonquins, qui malheureuſement ne s'étant pas apperçus aſſez tôt du lieu où les priſonniers étoient attachez, ne purent les délivrer. Les Iroquois qui les gardoient, ayant oüi le cri * de guerre, ſe

* Ce cri que les Canadiens ont imité des Sauvages, eſt un hurlement qui ſe fait en ſe frapant pluſieurs fois de la main ſur la bouche. Il ſert à deux fins: à effrayer l'ennemi qu'on

hâterent de les aſſommer.

On a bon marché des Iroquois lorſqu'on les ſurprend. Ils aiment mieux attaquer que ſe défendre. Auſſi prirent-ils bien-tôt la fuite, nous emportant ſur leurs épaules, & laiſſant neuf des leurs au pouvoir de leurs ennemis.

Les Canadiens qui venoient de faire une ſi bruſque expédition, étoient commandez par Meſſieurs de Maricour, de Sainte-Helene, & de Longueüil, freres de M. d'Iberville Chef d'Eſcadre; tous trois pleins de valeur, & des premiers de Montreal. * Ces braves Officiers pouſſez par les ſollicitations de mes deux autres freres, firent cette tentative pour arracher des mains des Sauvages mon aîné & moi.

ſurprend, & de ſignal en même-tems.

* Ces trois Meſſieurs ont des biens conſiderables dans le Pays, & ſurtout M. de Longueüil, qui poſſede une Terre de ce nom, ſituée au ſud de Montreal, belle, riche, bien peuplée, & qui a 7. à 8. lieuës de longueur.

Dans le Canton d'Iroquois où je fus mené, l'on avoit coutume de bruler les priſonniers qu'on faiſoit. On les lioit à un poteau, autour duquel on allumoit quatre feux à une diſtance aſſez grande, pour que ces miſerables fuſſent desdeux, & quelque fois des trois jours entiers à rôtir avant que d'expirer. Les Canadiens avoient ſouvent menacé ces Sauvages de les traiter de la même façon, s'ils n'aboliſſoient cette barbare coutume, & ne faiſoient meilleure guerre. Les Iroquois avoient toujours mépriſé leurs menaces, de ſorte que M. de Maricour & ſes freres, quelque horreur qu'ils euſſent pour une pareille inhumanité, crurent qu'ils devoient à leur tour l'exercer ſur les neuf priſonniers qu'ils venoient de faire.

Tout le monde ſçait que chez ces Sauvages un homme qu'ils ont pris, à quelque genre de mort qu'ils le reſervent, peut être dérobé au ſupplice par un des aſſiſtans qui l'adopte, en lui jettant un colier au cou, & une couverture ſur le corps, ſans autre cérémonie. Or il faut obſerver que ce M. de Maricour dont je viens de parler, avoit autrefois été enlevé par les Iroquois, & adopté de cette ſorte; & qu'ayant trouvé moyen de s'échapper de leurs mains, il étoit revenu à Montreal.

Il vouloit donc par repréſaille, comme chef de l'expédition, que les neuf Sauvages qu'il avoit pris fuſſent brulez. Il y étoit encore pouſſé par mes parens, qui demandoient leur trépas avec de fortes inſtances, & tous les Canadiens y conſentoient; mais M. de Saint Vallier, Evêque de Quebec, ſe trouvant alors à Montreal, où il étoit venu donner la Confirmation, s'y oppoſa de tout ſon pouvoir. Il tint au peuple un diſcours très-pathétique, & employa juſqu'aux larmes pour exciter ſa compaſſion. Cependant la politique rendit inutile l'éloquence du Prélat. M. de Maricour fut inéxorable, & tous les ſpectateurs jugerent auſſi qu'on devoit dans cette occaſion préferer la cruauté à la douceur.

On attacha les priſonniers chacun à un poteau ; & l'air auſſi-tôt retentit de leurs voix : Ils commencerent à chanter ce qu'ils appellent leur chanſon de mort. Cette chanſon contient ordinairement l'énumeration des perſonnes qu'ils ont tuées dans leurs courſes, & le nombre des chevelures qui parent leurs Cabanes. Malgré l'apareil effrayant de la mort qui les environne, ils paroiſſent tranquiles ; on ne voit ſur leur viſage aucune impreſſion de crainte ni de douleur. Ils regardent comme une marque de lâcheté d'avoir peur de mourir, & même de ne pas chanter quand on va perdre la vie. Il y a peu d'Européens capables d'un si grand sang froid.

Tandis que M. de Maricour donnoit ses ordres pour le suplice des neuf Iroquois, il s'apperçut que le plus apparent d'entre eux ne chantoit pas, & qu'au lieu de témoigner autant de gayeté que ses compagnons, il étoit enseveli dans une profonde affliction. Il lui en fit des reproches en langue Iroquoise qu'il sçavoit bien: Comment donc, ami, lui dit-il, tu manques de fermeté ? Il semble que tu finisses tes jours à regret ? Tu te trompes, lui répondit le Sauvage: ce n'est point la mort qui m'afflige & m'empêche de chanter. Je suis plus brave que toi. Regarde mon casse-tête * ; tu y

* Espece de massuë recourbée par le bout, & un peu coupante dans sa convexité.

verras lesmarques de cinquante-cinq ennemis que j'ai tuez. Ce qui m'attriſte en ce moment, ajoûta-t-il, c'eſt de t'avoir arraché toi-même, il y a dix ans, au ſort que tu me fais éprouver aujourd'hui. A ces mots, M. de Maricour enviſagea l'Iroquois avec plus d'attention qu'auparavant, & le reconnut pour le Sauvage qui l'avoit adopté. Il court à lui d'abord en l'appellant ſon pere; il l'embraſſe avec tranſport à pluſieurs repriſes. Enſuite ſe tournant vers le peuple, il lui demande la grace de ce Sauvage. Le peuple, déja tout attendri de cete reconnoiſſance, commençoit à crier qu'on le déliât, quand un nommé Cardinal, jeune Bourgeois de Montreal, dont le frere avoit été tué dans la derniere expédition, s'étant bruſquement approché de l'Iroquois qu'on vouloit ſauver, lui plongea dans l'eſtomac le couteau que l'on porte attaché à la jartiere dans ces pays-là ; ce qui fit beaucoup de peine à M. de Maricour.

Après qu'on eut fait bruler ſept des huit priſonniers qui reſtoient, on laiſſa le huitiéme expoſé deux ou trois heures aux feux qui étoient allumez autour de lui, afin qu'il pût parler plus pertinemment des doûleurs cuiſantes que ſes camarades avoient ſouffertes, lorſqu'il ſeroit de retour dans ſon Canton, où il fut renvoyé pour dire aux ſiens, que s'ils ne ceſſoient de bruler leurs priſonniers, ils devoient s'attendre au même traitement. Cet exemple de ſeverité eut plus de force ſur les Iroquois, que la douceur avec laquelle on en avoit uſé toujours avec ceux d'entre eux qui avoient été pris. Effectivement on les renvoyoit libres, & quelquefois même chargez de préſens.

Ils ne brulerent presque plus de Canadiens depuis ce tems-là. Mais quelques Hurons, & grand nombre d'Algonquins me donnerent cet amusement pendant les six années que je demeurai chez les Iroquois.

En arrivant dans le Village je retrouvai une mere. Une femme qui venoit de perdre dans le combat un de ses enfans avec son mari, m'adopta, & faisant choix d'un autre époux, elle fut bientôt consolée. Mais je parle en Européen ; elle n'avoit pas besoin de consolation : Bien loin de s'affliger de la perte qu'elle venoit de faire, elle s'en réjoüissoit : Outre l'honneur infini que faisoient réjaillir sur elle les défunts qui étoient morts glorieusement pour le pays, ils lui laissoient pour succession une copieuse quantité de chevelures.

Il y avoit plusieurs enfans de mon âge dans la Cabane, & un

aſſez grand nombre dans le Village. Je crus n'avoir rien perdu, puiſque je me voyois un pere, une mere, des freres, & des compagnons. Mais ce qui me plaiſoit le plus dans mes nouveaux parens, c'eſt qu'au lieu de m'empêcher, comme les premiers, de toucher aux armes, ils m'apprenoient à m'en ſervir, & m'y laiſſoient exercer continuellement. Je m'attirois néanmoins de tems en tems des corrections un peu rudes, parce que je cherchois ſouvent querelle, & que j'en venois aux mains avec d'autres petits garçons que je bleſſois dangereuſement. Il y avoit tous les jours quelque tête caſſée de ma façon. Ce qui étoit cauſe que mes parens Sauvages vouloient quelque fois me renvoyer en Canada, quoiqu'ils m'aimaſſent tendrement. Ils ne pouvoient pourtant s'y réſoudre, car je leur témoignois une ſi grande répugnance à les quitter, quand ils me menaçoient de me faire conduire à Montreal, que je les attachois plus fortement à moi. J'allai en course contre d'autres Sauvages, & l'on me mit des grandes parties de chasse dès l'âge de douze ans. Il est vrai que j'étois plus robuste & plus formé que les autres jeunes gens ne le sont à dix-huit; sans cette force qui a toujours été en augmentant jusqu'à ce jour, & qu'on peut appeller extraordinaire, j'aurois péri dans cinquante occasions où seule elle m'a sauvé la vie.

Je pourois mieux que personne faire ici une fidelle peinture des usages & des mœurs des Iroquois; mais il y a tant de ces faiseurs de relations, que je laisse de bon cœur à d'autres le plaisir de faire connoître ce qu'il y a de faux dans celles qui sont entre les mains de tout le monde. Ayant été élevé parmi ce peuple Sauvage, je dois être bien instruit de ses coutumes. J'en ai même tellement pris l'esprit, que je me suis regardé longtems comme Iroquois. Il m'a fallu plusieurs années, je ne dis pas pour vaincre, mais seulement pour adoucir un peu cette ferocité que j'ai contractée avec ces hommes si différens des autres, & dont le genre de vie ne flatoit que trop mes inclinations.

Je ne respirois que les combats. Cependant quelque envie que j'eusse de me battre, je refusois de suivre mes parens, quand ils alloient en guerre contre les Canadiens, & même contre les Algonquins ; ce qu'ils faisoient assez souvent pour plaire aux Anglois qui les y engageoient, & leur envoyoient pour cela quantité d'armes, de quinquaillerie, & d'eau de vie. Ils firent de si fréquentes courses en Canada, que M. de Frontenac

Frontenac qui en étoit Gouverneur, se mit à leurs trousses vers l'année 1695. & vint piller le Canton où je demeurois. Nos Sauvages eurent cette obligation aux Anglois qui étoient avec nous, & qui leur avoient fait entendre que rien n'étoit plus aisé que d'arrêter M. de Frontenac sur la frontiere même.

On ne sçauroit être plus embarrassé que je le fus dans cette occasion. Je ne voulois point absolument combattre contre les Canadiens ; les Iroquois me croyant assez fort pour payer de ma personne, menaçoient de me tuer si je ne faisois comme les autres. Quel parti prendre ? Heureusement pour moi l'amour que je conservois pour ma Patrie ne fut pas mis à une forte épreuve, puisque les Canadiens entrerent dans notre Canton en si bon ordre, qu'il nous falut reculer & le laisser ruiner, ſans pouvoir rien entreprendre contre eux, ni leur faire d'autre mal que de leur tuer quelques ſentinelles la nuit à coups de fléches.

Comme ils bornoient leurs ravages à détruire, arracher, brûler, ſans profiter de nos dépoüilles, ils ſe laſſerent bien-tôt d'exercer une fureur infructueuſe. Ils retournerent ſur leurs pas. Ce que nous n'eûmes pas plûtôt remarqué, qu'il nous prit envie de les pourſuivre, donnant plus à la vengeance que nous n'avions fait à la deffenſe du pays. Nous ne ſongions nullement à des attaques générales. Chaque chef de Village conduiſoit ſon monde ainſi qu'il le jugeoit à propos. Diviſez en trois ou quatre troupes, nous ne fîmes pendant pluſieurs jours que côtoyer les ennemis, & voltiger la nuit ſur leur aîle gauche, ſans pouvoir les entamer,

Un ſoir pourtant nous en apperçûmes environ deux ou trois cens, qui ne nous croyant pas ſi près d'eux, s'étoient retirez dans une prairie aſſez loin du reſte de leur armée. Nous réſolûmes d'enlever ce petit Corps que nous attaquâmes un peu après minuit. Je me mis de la partie, ſur l'aſſurance qui me fut donnée que c'étoit des Hurons qui prenoient ſur la gauche pour gagner leur pays le long du grand Lac. Nous en tuâmes d'abord une demie douzaine; mais quatre ou cinq pelotons qui étoient comme des gardes avancées, nous reçurent de ſi bonne grace, qu'ils nous mirent bientôt en déſordre & en fuite. Ils nous choiſiſſoient à la lueur des feux allumez autour de leurs troupes, & ne perdoient pas un coup de fuſil.

La paſſion que j'avois pour la

guerre, ne me permettant pas d'être des premiers à me retirer, je fus enveloppé avec mon pere adoptif, qui voulant me dégager de cinq ou ſix Canadiens qui m'environnoient, ſe trouva pris avec moi. Nous fûmes attachez à des arbres, & nous comptions bien qu'on nous feroit bruler dès qu'il ſeroit jour. Je n'étois pas trop content de l'être ſi jeune; & ce qui me mortifioit encore plus qu'une mort prématurée, c'eſt que n'ayant pas tué d'ennemis, je n'avois rien à dire pour chanſon de mort. Mon pere Sauvage entrant dans ma peine, me diſoit pour me conſoler, qu'il ſuffiſoit pour mourir en brave homme, que j'euſſe été pris les armes à la main.

Quoiqu'il dût être perſuadé qu'il ſeroit ſauvé avec moi ſi je me faiſois connoître, il m'exhortoit cependant à ne pas découvrir que j'étois Canadien. Je le lui promis ſans ſçavoir pourquoi, & ſans lui témoigner qu'il me ſembloit que c'étoit faire le fin fort mal à propos. Trop de vivacité néanmoins m'empêcha de lui tenir parole. Parmi ceux qui vinrent nous examiner lorſqu'il fut jour, un grand homme me prit par le menton pour me regarder en face, & dit enſuite aux autres : Parbleu, Meſſieurs, en voici un bien jeune ; ce ſeroit dommage de le faire rôtir, ce n'eſt qu'un enfant. A ces paroles que je ne pus ſouffrir patiemment, je lui dis en colere : Grand beneſt, on n'a qu'à me délier & me lâcher après toi, tu verras ſi je ne ſuis qu'un enfant.

Mon emportement cauſa une extrême ſurpriſe aux Canadiens, qui s'approcherent de moi en foule pour me conſiderer avec toute l'attention que leur paroiſſoit mériter un jeune Iroquois qui parloit ſi bien la langue Françoiſe. Nous fûmes auſſi-tôt détachez, mon pere Sauvage & moi. L'on nous conduiſit au Commandant, qui m'ayant fait avoüer que j'étois né Canadien, nous offrit la vie, ſi nous voulions qu'il nous emmenât avec lui. J'acceptai ſon offre ſans balancer, comptant bien que je m'enfuirois dès la premiere occaſion qui s'en préſenteroit. Pour le Sauvage, il refuſa de me ſuivre, & ne ceſſa de me faire des reproches, juſqu'à ce que lui ayant fait donner la liberté, je lui eus promis de le rejoindre dans peu.

L'Officier qui commandoit la troupe des Canadiens que nous avions attaquez ſi mal à propos, s'appelloit alors M. le Gendre. Je dis alors, parce que je l'ai connu depuis ſous le nom de Comte de

Monneville. J'ai couru bien des avantures avec lui, comme on le verra dans l'histoire de ma vie. Nous conçûmes dès ce tems-là l'un pour l'autre une amitié qui dure encore aujourd'hui.

Il emmenoit esclaves plusieurs femmes Iroquoises, & beaucoup d'enfans. J'appréhendois fort d'aller avec lui sur le même pied ; & dans ce cas je me proposois de me faire connoître à mes parens de Montreal. Mais ma crainte fut vaine. Il me fit donner la paye de Soldat dans une méchante Bicoque où il commandoit à une cinquantaine de lieuës au nord de Chambly, & j'y joüis d'une entiere liberté. Il fit plus, mon air dégourdi lui plut. Il me mit de toutes ses parties, m'obligea de manger à sa table, & me traita comme son égal.

Nous passions les jours dans une belle habitation qu'il avoit dans le pays, & à laquelle tout autre que moi se seroit trouvé trop heureux de se fixer. M. le Gendre menoit-là une vie douce & très-rangée ; cela ne me convenoit point. Aussi me fut-il impossible de m'en accommoder long-tems, & de répondre à l'amitié qu'il avoit pour moi. Je n'étois pas né pour le repos ; il me falloit des fatigues, des courses, des combats, ou du moins quelques querelles pour m'amuser, & je n'en avois là aucune occasion. Cependant dans un séjour si tranquille, M. le Gendre & moi nous pensâmes mourir de mort violente.

Un Officier du Fort me voyant un matin avec deux Soldats, qui pour chasser le mauvais air buvoient de l'eau-de-vie, se joignit à nous. Notre entretien rouloit sur les Iroquois. Les Soldats étant bien-aises de s'instruire à fond des mœurs de ces Sauvages, me faisoient des questions, & je prenois plaisir à satisfaire leur curiosité. L'Officier se mêlant à la conversation, se mit aussi à m'interroger. Après quoi, me priant de le suivre, il me mena dans son cabinet ; il tira d'une armoire une bouteille qu'il décoëffa, prit un verre qu'il remplit & me présenta : Buvez de ce vin, me dit-il, je crois qu'il sera de votre goût. Je portai le verre à ma bouche, je moüillai seulement mes lévres, & fit la grimace comme un homme qui n'aimoit point cette liqueur. Comment donc, s'écria-t-il, est-ce que vous trouveriez ce vin mauvais ? Très-mauvais, lui répondis-je, avec toute la franchise d'un Sauvage qui ne sçait point mentir par politesse. Je vois bien, reprit-il en riant, que vous ne vous y connoissez guere ; c'est un des meilleurs vins de France.

Je ſuis perſuadé que M. le Gendre en jugeroit autrement que vous. Je voudrois bien, ajoûta-t-il, partager avec lui une petite proviſion que j'ai de ce bon vin, & dont on m'a fait préſent ; mais c'eſt ce que je n'oſerois lui propoſer moi-même. Nous ſommes un peu broüillez, & peut-être receyroit-il mal mon compliment. Il faut par votre adreſſe nous reconcilier tous deux. Je ne demande pas mieux, lui répartis-je ; apprenez-moi ſeulement de quelle façon je dois m'y prendre. Il n'y a rien de plus facile, me dit l'Officier ; faites-lui gouter de mon vin ſans lui dire d'où il vient, & s'il le trouve excellent, comme je n'en doute pas, vous m'en avertirez ſecretement. Je lui en envoirai quelques barils, & j'ai dans la tête que ce petit préſent donnera lieu à notre reconciliation.

J'approuvai fort ce projet de

raccommodement, & je promis de bonne foi de travailler à le faire réüſſir. Je reçus de la main de l'Officier une bouteille bien cachetée, & je l'aſſurai que j'en ferois l'uſage qu'il deſiroit. Par le plus grand bonheur du monde, je ne quittai pas ſur le champ l'Officier ; je m'amuſai encore quelque tems avec lui ; enſuite je me retirai ſans emporter la bouteille que je laiſſai par oubli dans le Fort, & j'allai retrouver mes deux Soldats avec qui je continuai juſqu'à la nuit à chaſſer le mauvais air. Le lendemain matin m'étant reſſouvenu que je n'avois pas fait ce que ſouhaitoit l'Officier, je me diſpoſois à retourner chez lui, lorſqu'un Soldat vint m'annoncer qu'on l'avoit trouvé, ainſi que ſes deux domeſtiques, morts dans leurs lits, & tous trois du même poiſon, ſuivant le rapport du Chirurgien. Je ne doutai point que ce funeste accident ne fut l'ouvrage de la bouteille de reconciliation ; & après avoir conté à M. le Gendre ce qui s'étoit passé le jour précédent entre l'Officier & moi, nous fîmes là-dessus mille raisonnemens, sans pouvoir comprendre comment cela s'étoit pû faire, & sans oser décider si le défunt étoit innocent ou coupable. Quoiqu'il en soit, je remerciai Dieu de ne m'avoir pas donné de ces temperamens posez & flegmatiques qui songent à tout, & n'oublient pas le moindre article des commissions dont ils sont chargez.

Ce triste évenement, quoique M. le Gendre n'eut rien à se reprocher, ne laissa pas de le mettre dans la necessité d'aller à Quebec. Il me proposa de faire avec lui ce petit voyage, & j'acceptai volontiers la proposition. En passant par Montreal, je voulus par pure curiofité voir mes parens fans me faire connoître. Je m'imaginois que c'étoit une chofe aifée ; je me trompois. Ma réfolution ne put tenir contre les mouvemens de tendreffe que la nature infpire dans ces occafions. Quand j'abordai mon pere & ma mere, ces doux noms fortirent de ma bouche malgré moi, au lieu de ceux de Monfieur & de Madame que je croyois feulement prononcer.

Je fus reçû au logis comme l'Enfant prodigue. Les auteurs de ma naiffance remercierent le Ciel de mon retour ; pour mes freres qui ne m'avoient jamais aimé, ils en eurent peu de joye, & les voifins en frémirent. Ces derniers fe fouvenant encore de mes efpiegleries, frémirent en me revoyant. Mon pere & ma mere allerent avec empreffement demander ma liberté à M. le Gendre, qui ne put la refufer à leurs inſtances, quelque chagrin qu'il eût de me perdre.

On juge bien qu'un garçon de mon humeur, ne pouvoit faire un long ſéjour dans la maiſon paternelle ſans s'y ennuyer. Je regretai bientôt mes Sauvages ; je n'étois pas tout-à-fait le maître au logis, ce qui me paroiſſoit un état trop gênant ; je trouvois fort dure la neceſſité d'être ſoumis au droit que mon pere & ma mere avoient de me faire des réprimandes impunément. A l'égard de mes freres, quoiqu'ils fuſſent Officiers & mes aînez, je les mis ſur un bon pied. Je les accoutumai à plier devant moi, auſſi-bien que les étrangers, qui pour n'être pas obligez d'avoir tous les jours les armes à la main, aimoient mieux ſe réſoudre à ſouffrir mes airs de hauteur.

Pour éviter l'oiſiveté dans laquelle je ne pouvois manquer de tomber, je me donnai tout entier à la chasse. Pour cet effet, je m'associai avec des Algonquins, & vivant plus en Sauvage qu'en Canadien, j'étois souvent des six mois sans revenir chez mes parens, qui loin de se plaindre de ces longues absences, m'en sçavoient alors fort bon gré. Quelque fois aussi je revenois avec une troupe d'Algonquins qui m'avoient choisi pour leur chef, & qui suivoient mes ordres. En arrivant dans Montreal à leur tête, j'étois plus fier qu'un Général, & malheur aux Bourgeois qui ne me saluoient pas profondément, ou qui m'osoient regarder entre deux yeux.

Une affaire que j'eûs dans cette Ville vers le milieu de l'année 1701. m'attacha tout de bon à mes Algonquins. Voici le fait: Nous nous chargeâmes environ cent Canadiens & moi d'escorter

M. de la Mothe de Cadillac ; qu'on envoyoit avec deux Officiers ſubalternes, à près de deux cens lieuës de Montreal commander au Détroit. * Quand nous fûmes à l'endroit qu'on nomme le Saut de la Chine, parce qu'il y en a un en effet ſur le Fleuve Saint Laurent, & qu'on eſt obligé d'y faire le portage, M. de Cadillac s'aviſa de viſiter les Canots, pour voir ſi nous n'emportions pas plus d'eau de vie qu'il n'étoit permis. Il en découvrit de contrebande dans pluſieurs Canots. Il éleva auſſi-tôt la voix, & demanda d'un ton de Maître à qui elle étoit. Il y avoit auprès de lui un de mes freres qui lui répondit ſur le même ton, qu'elle nous appartenoit, & que ce n'étoit point à lui à y trouver à redire.

* Le Détroit eſt un Etabliſſement avec un bon Fort, qui a été fait par ordre de M. de Pontchartrain ſur la Riviere ou le Canal qui joint le Lac Huron au Lac Erié.

Cadillac étoit Gaſcon, & par conſéquent vif. Il bruſqua mon frere, qui tomba ſur lui l'épée à la main. Cadillac le reçut en brave homme, & le faiſant reculer, il alloit le déſarmer, lorſque me jettant entre eux deux, j'écartai mon frere pour prendre ſa place, & je pouſſai à mon tour ſi vivement ſon ennemi, que celui-ci n'eut pas ſujet d'être fâché qu'on nous ſéparât. Je crois qu'il eſt encore vivant ; qu'il me donne, s'il l'oſe, un démenti.

Nous n'étions qu'à trois lieuës de Montreal. Cadillac y retourna pour porter ſes plaintes. J'eus l'indiſcrétion de l'y ſuivre, au lieu de me retirer avec mes Sauvages. M. de Champigny qui étoit alors Intendant, me fit dire à mon arrivée de lui aller parler. On me conſeilla de m'enfuir. Je rejettai ce conſeil, qui me parut moins prudent que timide, & ne balançai pas un moment à me rendre chez l'Intendant, ſans être agité de la moindre frayeur. Je croyois au contraire, qu'il devoit lui-même me craindre, & qu'il ne ſeroit pas aſſez hardi pour me dire quelque choſe de déſobligeant.

J'entrai dans ſa ſalle d'un air effronté, & habillé en Sauvage à mon ordinaire. Je me ſouviens qu'il y avoit autour de lui plus de cinquante Officiers, outre M. de Rameſé Gouverneur de la Place, & pluſieurs Dames : Approchez, me dit d'un air aſſez doux l'Intendant, approchez, Monſieur le mutin ? C'eſt donc vous qui tirez l'épée contre vos Officiers ? Oüi, Monſieur, lui répondis-je, c'eſt moi ; & je l'ai dû faire pour ne pas laiſſer égorger mon frere à mes yeux. Votre frere, reprit-il, eſt un rebelle qu'il ne falloit pas imiter, & qui ſubira la rigueur des peines portées par les ordonnances, si on le peut attraper. Pour vous, je vous condamne au cachot, où vous demeurerez, s'il vous plaît, jusqu'à ce que M. de la Mothe veüille bien vous pardonner.

Je suis persuadé que l'Intendant ne vouloit que me faire peur, & qu'on étoit convenu que M. de Ramesé avec les autres Officiers demanderoit grace pour moi, si je me soumettois sans murmure à l'arrêt prononcé; mais il n'y eut pas moyen. Le terme de cachot me fit monter le feu à la tête, & regardant M. de Champigny d'un air irrité: ce ne sera pas, lui répondis-je fierement, tandis que j'aurai mon sabre que j'irai au cachot, ni tant que mes Sauvages seront dans la Place. Là-dessus, je fis quelques pas pour sortir; alors tous les Officiers se mirent au-devant de moi, & me désarmerent en m'assurant qu'il ne me seroit rien fait, si j'obeïssois à M. l'Intendant. Comme je n'en voulois rien faire, malgré tout ce qu'on me pouvoit dire, les Gardes du Gouverneur me saisirent enfin, & me menerent, ou plûtôt me porterent en prison, non sans recevoir de moi bien des gourmades, qu'ils me rendirent au centuple.

Je passai trois jours dans le cachot les fers aux pieds & rongeant mon frein. Après cela l'Intendant dont l'intention étoit de ménager mes Sauvages qui murmuroient de ma prison, me fit venir devant lui, & me dit qu'il étoit fâché que je l'eusse réduit à me punir, qu'il m'estimoit, que je pouvois compter qu'il me serviroit en tout ce qui dépendroit de lui, qu'il m'exhortoit seulement à faire tous mes efforts pour moderer ma violence, & qu'à ma confideration il faifoit grace à mon frere. Grace qui devint inutile à celui-ci, puifque la honte d'avoir été battu par Cadillac le fit paffer chez les Sauvages, d'où il n'eft point revenu depuis ce tems-là.

Le jour que je fortis de prifon, j'appris que M. de Ramefé avoit par amitié pour moi fait des excufes à M. de la Mothe, & qu'il avoit d'abord obtenu de l'Intendant que je ne ferois qu'une heure au cachot, mais qu'une vieille Madame d'Arpentigni, qui par malheur pour moi groffiffoit alors la Cour de M. de Champigny, avoit fait furfeoir mon élargiffement; que cette méchante femme avoit repréfenté qu'on ne pouvoit me traiter trop féverement, qu'elle avoit dit à l'Intendant : Ah, Monfeigneur, vous devriez le laiffer pourrir en prifon, vous rendrez en cela un grand ſervice au Pays ; perſonne n'eſt à couvert des fureurs de ce garnement ; moi qui vous parle, Monſeigneur, j'ai ſujet de me plaindre de lui ; il m'a dernierement inſultée avec une inſolence à mériter punition corporelle.

Voici en quoi conſiſtoit cette prétenduë inſulte faite à la Dame d'Arpentigni. Je lui avois vendu des Pelleteries à crédit, en lui preſcrivant un tems pour me payer. Elle l'avoit laiſſé paſſer ſans me ſatisfaire ; je lui demandai de l'argent, elle m'en refuſa ; je la menaçai dans des termes qu'elle ne trouva peut-être pas aſſez meſurez. Je ne fis pourtant que lui dire en jurant, que ſi je n'étois pas payé dans vingt-quatre heures, j'irois l'écorcher toute vive dans ſa maiſon, & y mettre enſuite le feu.

Indépendemment des bontez de M. de Rameſé à mon égard,

il y avoit une bonne raiſon pour me mettre en liberté. Je devenois neceſſaire par rapport aux Sauvages qui m'étoient attachez. La Guerre étoit recommencée en Europe au ſujet de la Couronne d'Eſpagne, & par conſéquent entre les Anglois de la nouvelle Angleterre & les Canadiens. C'étoit-là une de ces conjonctures où il eſt important de ménager les Sauvages. Les Iroquois avoient enterré la hache, pour parler leur langage ; c'eſt-à-dire, avoient fait la paix. Mais on craignoit qu'ils ne la rompiſſent dès l'année 1698. M. de Frontenac peu de tems avant ſa mort, avoit fait une eſpece de treve avec eux ; les trouvant tout étourdis de la perte de leur fameux chef *la Chaudiere-Noire*, tué par un parti de jeunes Algonquins. On fit ſi peu de fonds ſur un traité ſi irrégulier, que M. de Callieres jugeant qu'on en devoit faire un autre, conclut une paix ſolide avec les Iroquois en 1701. par les ſoins & l'adreſſe de M. de Maricour, & du Pere Anſelme Jeſuite. Ces deux habiles Négociateurs ſe tranſporterent chez tous ces Sauvages, dont ils connoiſſoient parfaitement le génie, & les engagerent à envoyer à Montreal leurs Députez, qui y planterent, comme ils diſent, *l'arbre de Paix*, & y danſerent le *Calumet* au nombre de huit à neuf cens.

Depuis ce tems-là les Anglois n'ayant rien épargné pour les porter à déterrer la hache contre nous, y réüſſirent en partie, puiſqu'à force de préſens ils gagnerent quelques-uns de ces Sauvages, qui vers la fin de l'année 1703. mirent le feu par ſurpriſe au Fort où M. de Cadillac commandoit au Détroit.

La nation des Iroquois en general,

neral, ne regarda pas néanmoins cette entreprise comme une infraction du traité, puisqu'en ayant rencontré dans les bois plusieurs troupes peu de tems après, nous en fûmes reçûs en amis plutôt qu'en ennemis. Ils voulurent absolument fumer, & faire chaudiere * avec nous. Trente Algonquins qui m'accompagnoient, avoient d'abord appréhendé qu'il ne nous falût en venir aux mains; mais les Iroquois nous protesterent que jamais ils ne leveroient la hache sur le François, ni sur ses Alliez; que pour l'Anglois dont ils avoient sujet d'être mécontens, ils ne lui feroient point de quartier. Je fus curieux de sçavoir pourquoi ils se plaignoient des Anglois, & je le leur demandai. Ils me répondirent qu'ils n'en étoient pas satisfait pour plusieurs raisons, & entre autres pour une

* Faire cuire les viandes & les manger.

qui leur tenoit fort au cœur: Qu'ils avoient porté quelques Peleteries à Corlard dans la nouvelle YORCK, où après avoir cherché pendant deux jours un des leurs qui s'y étoit égaré, ils l'avoient trouvé pendu dans un lieu écarté.

A ce mot de pendu, tous les Iroquois pousserent des cris effroyables, & firent éclater une vive douleur. On eut dit qu'ils avoient encore devant les yeux le Compagnon malheureux dont ils déploroient la destinée. Je ne perdis pas une si belle occasion de les exhorter à ne point laisser impuni un affront si sanglant. Je fis plus; je m'offris à servir leur vengeance, & à partir sur le champ avec eux, pour aller tirer raison de cet outrage. Ils me prirent au mot. Ensuite refléchissant sur notre petit nombre, ils me demanderent si je ne pourrois pas obtenir un plus grand ſecours de notre Pere *Onuntio.* * Je crus que notre Gouverneur, qu'ils appelloient de ce nom, ne ſeroit pas fâché de profiter de cette conjoncture, pour faire quelque entrepriſe qui broüillât ces Sauvages pour long-tems avec les Anglois. Dans cette confiance, je conduiſis à Montreal une partie de ces Iroquois en qualité de Députez de leur nation. Je les préſentai à M. de Rameſé, qui flatta fort leur reſſentiment, & leur promit du ſecours. Effectivement après en avoir écrit à M. de Vaudreüil, il leur donna trois cens Canadiens commandez par M. de Beaucour Ingénieur, Capitaine de Compagnie. Outre cela, il me pria d'engager le plus d'Algonquins que je pourrois à ſe mettre de la partie. Je l'aſſurai

* Les Sauvages nomment ainſi un Souverain, un Maître, & Dieu même.

que si je n'en déterminois pas un grand nombre à me suivre, ce ne seroit pas ma faute. Je lui donnai cette assurance avec un zele qui m'attira des complimens de sa part. Mais pour dire la verité, si j'entrois si chaudement dans ses vûës politiques, c'étoit moins par amour pour le bien public, que par le plaisir que je sentois quand on me proposoit des ravages à faire.

Je haranguai donc les Algonquins; près de quatre cens se laisserent persuader; & lorsqu'ils m'eurent donné leur parole, nous partîmes pour cette expédition sur la fin de Juin 1704. Les Députez Iroquois s'en étoient auparavant retournez dans leurs Cantons, pour donner avis à leurs freres du résultat de leur députation. Une partie devoit nous venir joindre en chemin, & les autres à certain jour marqué entrer dans le Pays en plusieurs troupes. Nous arrivâmes au rendez-vous avant le jour prescrit, quoique la route fut difficile, & longue de plus de 150 lieuës. Malheureusement M. de Beaucour avoit amené avec lui quelques Soldats François, qui n'étant pas accoutumez à nos canots, ne pouvoient résister à la fatigue, & nous incommodoient beaucoup plus qu'ils ne nous servoient. Quand il y avoit des portages à faire, comme il y en avoit plusieurs, & surtout un de 25 lieuës, ils avoient assez de peine à se traîner eux-mêmes, ce n'étoit pas le moyen de nous aider à porter nos canots & nos vivres. Cependant ce n'auroit été rien que cela, si l'un d'entre eux ne nous eût fait manquer notre coup par la plus noire des trahisons.

Ce perfide, pendant que nous nous arrêtames dans les bois, à

30 lieuës des premiers Villages Anglois, pour cacher nos canots, & nous reposer en attendant le jour, dont nous étions convenus avec les Iroquois, ce traître ayant repris des forces nous prévint, & alla avertir nos ennemis de notre arrivée ; de sorte que nous demeurâmes fort sots, quand nous nous approchâmes d'un gros Bourg que nous nous étions fait fête de ravager le premier. Nous apperçûmes bien deux mille Anglois armez qui nous y attendoient de pied ferme. Ce qui nous obligea de nous retirer promptement, & de regagner les bois. Comme nous n'étions pas éloignez d'Orange, * dont la Garnison pouvoit nous couper, nous fûmes contraints de retourner à nos canots sans avoir tiré un coup de fusil. Cela nous picqua d'autant plus que l'année

* Ville de la nouvelle Yorck.

précédente M. de Beaubassin, fils de M. de la Valiere, Major de la Ville de Montreal, avoit ravagé plus de vingt-cinq lieuës de ce même pays, quoiqu'il n'eût avec lui qu'une poignée de Canadiens, & beaucoup moins de Sauvages que nous n'en avions.

Les frais de l'armement n'étoient pas si considérables que nous ne nous fussions aisément consolez de cette fausse démarche, si nous en avions été quittes pour perdre nos pas ; mais nous n'avions porté des vivres que pour la moitié du voyage ; comptant que les magasins ennemis nous en fourniroient de reste pour notre retour. C'est ainsi que nous nous étions trompez dans notre calcul ; & notre équipée nous pensa coûter la vie à tous, du moins y périt-il plusieurs de nos Compagnons, qui demeuroient en chemin sans pouvoir nous suivre, ou qui par foiblesse laissoient emporter leurs canots à la rapidité de l'eau, & se noyoient des sept ou huit hommes à la fois.

Mes Sauvages se tiroient d'affaire un peu moins mal que les autres ; ils attrapoient toujours quelques poissons, ou quelques pieces de gibier, mais en petite quantité, la saison n'étant pas favorable pour la pêche à cause des chaleurs. Ce qui les faisoit murmurer contre Messieurs de Beaucour & de Vaudreüil, & surtout contre moi, pour l'amour de qui ils s'étoient mis en campagne. L'un d'entre eux, gros garçon des plus simples, porta même son ressentiment plus loin, & nous fit rire un soir, malgré la misere où nous étions. On sçait que les Sauvages soumis à la France sont presque tous baptisez, & si ignorans, qu'ils ne sçavent pas les premiers principes de la Religion

Chrétienne ; on les regarde comme des Docteurs, & comme les Théologiens du Canton, lorsqu'ils poussent l'érudition jusqu'à retenir par cœur les Litanies de la Vierge, qu'ils disent publiquement soir & matin pour toutes prieres. Quant aux autres indociles Eleves des Missionnaires, ils ne sçavent que répondre : *Ora pro nobis*. Encore écorchent-ils ces trois paroles. Il arriva donc qu'un gros réjoüi de ces derniers qui nous étourdissoit tous les jours de ses *Ora pro nobis*, ayant un soir gardé un profond silence, nous surprit tous par cette nouveauté. Comment donc Makina, lui dis-je après la priere, tu n'as rien dit aujourd'hui ? Tu n'as point prié *l'Onuntio*. Il me répondit brusquement : *Matagon tarondi, matagon Ora pro nobis*. Que Dieu me donne à manger, je lui donnerai des *Ora pro nobis*.

La plûpart des autres Sauvages ne trouvoient pas qu'il eût si grand tort. Quelques-uns même l'imiterent ; & comme nous n'avions presque rien mangé depuis trois jours, le désespoir commençoit à s'emparer de nous. Personne ne se sentoit assez de vertu pour exhorter les autres à la patience. Je crois que nous serions tous morts en enragez dans les déserts, si nous n'eussions pas tout à coup été secourus par cette même Providence, contre laquelle nous n'avions pû nous défendre de murmurer. Il nous restoit encore près de la moitié du chemin à faire, lorsqu'il nous arriva des vivres.

C'étoit M. de Vaudreüil lui-même qui nous les envoyoit. Averti de l'état déplorable où nous étions par un de ces Sauvages, qu'on appelle Jongleurs, il s'étoit hâté de prévenir notre perre. Ce Jongleur l'avoit assuré que son Oüahiche, ou Démon, lui avoit dit pendant la nuit, que ses freres étoient trahis, & revenoient sans vivres aussi-bien que toute la troupe. Nous avions en effet avec nous deux freres de ce Sauvage, l'un desquels étoit son frere jumeau. Ceux qui me connoissent, sçavent bien que mon défaut n'est pas d'être trop crédule, néanmoins je confesse que des Jongleurs m'ont souvent étonné, s'ils n'ont pû me persuader. Je rapporte ce fait, parce qu'il est certain que sans ce Jongleur, nous aurions tous péri dans les bois. De quelque façon qu'il eut appris l'état où nous nous trouvions, soit par magie, soit en songe, ou comme disent nos Sçavans, par sympathie, que nous importe ? Il le devina toujours à bon compte, & nous sauva.

M. de Vaudreüil s'étoit mocqué le premier de l'avis du Jongleur, & ne s'étoit déterminé à nous envoyer du ſecours à tout hazard, qu'à la preſſante ſollicitation de pluſieurs Officiers, qui lui repreſenterent que ſans avoir égard aux viſions de ce Sauvage, il faloit faire ſemblant de les croire myſterieuſes, & le charger de conduire lui-même un petit convoi. Ce qui fut executé plus par plaiſanterie qu'autrement. Quiconque a fréquenté M. de Vaudreüil, lui aura ſans doute entendu raconter cette hiſtoire, qu'il ne ſe laſſoit point de répeter, non plus que vingt-cinq François qui furent témoins de la confiance avec laquelle le Jongleur lui débita l'entretien qu'il prétendoit avoir eu avec ſon Démon.

Le mauvais ſuccès de cette entrepriſe rendit mes Sauvages plus circonſpects & moins empreſſez à ſe joindre aux Canadiens ; & la perfidie du Soldat François les prévint terriblement contre toute la nation. Ils ne vouloient plus avoir de liaiſon avec un peuple qui leur paroiſſoit capable de violer ce qui doit être le plus ſacré parmi les hommes ; & s'ils demeuroient encore ſoumis à la France, je m'appercevois que c'étoit plutôt par crainte que par inclination. Tant ces bonnes gens dans leur ignorante ſimplicité aiment qu'on ait de la bonne foi.

Je fis moi-même quelque tems après dans leur eſprit aſſez mal l'apologie de la nation Françoiſe, en les quittant d'une maniere qui ne dut pas leur faire plaiſir. Ils n'auroient pas manqué de me la reprocher, ſi pour me mettre à couvert de leurs reproches, je ne les euſſe abandonnez pour jamais. C'eſt un détail que je vais faire, ſans chercher à m'excuſer de leur avoir fauſſé compagnie.

M. de Subarcas, Gouverneur d'Acadie, fit freter dans son Port une Frégate nommée la Biche. Ensuite il s'adressa pour avoir du monde & former son équipage, à M. Raudot, Intendant de Canada, & à M. de Vaudreüil, qui envoyerent à Montreal un Officier de Quebec appellé Vincelot, avec ordre de faire cette levée. Cet Officier en arrivant, apprit que le moyen le plus sûr d'avoir des Algonquins, étoit de me mettre dans ses interêts, & de m'engager le premier. Il m'en fit la proposition d'une maniere qui ne me permit pas de balancer un moment à l'accepter, puisqu'il débuta par me faire entendre que sur cette Frégate nous ferions tous les jours des courses sur les Côtes de la nouvelle Angleterre, & que plus nous serions de braves gens, plus nous ferions de captures considerables.

L'envie que j'avois d'essayer de la guerre sur Mer, où je m'imaginois que tous les jours j'aurois occasion d'en venir aux mains, me fit employer tout le crédit que j'avois sur mes Sauvages, pour les obliger à me suivre. Mais c'étoit un voyage à faire plus long encore que celui que nous avions fait vers Orange ; & le malheureux succès de notre entreprise, qu'ils n'avoient point eu le tems d'oublier, ne les prévenoit pas en faveur d'une nouvelle. Je n'en pûs enrôler que vingt, qui ne s'engageant dans cette affaire que par amitié pour moi, exigerent avant leur départ de n'être soumis qu'à mes ordres. Ils firent plus, armez d'une défiance qui leur paroissoit bien fondée, ils demanderent des vivres pour eux & pour moi, avec la liberté de faire notre route en particulier, soit devant ou après les François

& les Canadiens qui ſe préparoient à partir au nombre de cent-trente. Ce qui leur fut accordé.

C'étoit ſur la fin de l'hyver, & les glaces que nous avions à rompre à chaque pas, nous firent employer à notre voyage près d'un mois par delà notre calcul, ſi bien que M. de Subarcas, qui ſur la nouvelle de notre départ, avoit envoyé pluſieurs fois un Brigantin pour nous faire paſſer le Détroit, ou la Baye Françoiſe, qui ſépare l'Acadie de la nouvelle Angleterre, apprenant qu'il ne venoit perſonne, le rappella dans Port-Royal, & ne nous attendit plus. Ce furent des Sauvages du lieu qui nous voyant là tous raſſemblez, ſans ſcavoir quel parti prendre, nous donnerent cet avis.

Après avoir donc attendu à notre tour neuf à dix jours, vivant des poiſſons que nous laiſſoient les marées ; nous tînmes un conſeil, dont le réſultat fut de choiſir un jour calme, & de hazarder dans un de nos canots quelques-uns des nôtres, pour aller informer de notre arrivée M. de Subarcas. Le danger étoit tel qu'il ne pouvoit être bravé que par des perſonnes qui ne le connoiſſoient point. Il y avoit pour le moins trente lieuës de trajet, & pour peu que la Mer s'agitât, elle devoit engloutir le canot & les hommes. Les Canadiens, qui voyoient tout le péril, ne s'empreſſoient nullement à s'y expoſer. Ils furent ravis, lorſqu'ils entendirent que je voulois bien courir le riſque d'une pareille navigation avec cinq de mes Sauvages. Nous nous embarquâmes tous ſix dans un petit canot d'écorce, & habillez en Algonquins. C'eſt de cette façon que je vis la Mer pour la premiere fois.

Par bonheur pour nous, le calme fut tel que nous le pouvions desirer. On eut dit que le Dieu des Vents, pour favoriser notre témerité, avoit enchaîné les aquilons. Nous ne sentions pas même le doux souffle des zéphirs. La surface des eaux étoit unie comme une glace ; pour comble de bonne fortune, le tems ne changea point, & plus heureux que sages, nous fîmes notre route, sans qu'il nous arrivât aucun fâcheux accident. M. de Subarcas charmé de notre venuë qui lui parut un coup du Ciel, nous reçut avec autant de joye que de surprise.

La Frégate la Biche étoit encore sur les Chantiers. Elle fut lancée à l'eau devant nous, & la maniere dont cela se fit, fut pour mes Sauvages de même que pour moi, un spectacle aussi amusant qu'il étoit nouveau. Nous montions continuellement dessus comme sur le Brigantin qui étoit dans le Port. Nous en admirions la construction, & un si bel ouvrage de l'art nous donnoit une furieuse impatience d'être sur Mer pour voir la manœuvre de ces Vaisseaux. Cependant le hazard satisfit en partie notre curiosité, en amenant au Port un Bâtiment sans voiles. Nous fûmes étonnez de sa vîtesse & de sa légereté; quoiqu'il fût presque aussi gros que la Frégate neuve, il sembloit voler sur la Mer.

C'étoit un Vaisseau de Flibustiers, dont le Capitaine, qui se nommoit Morpain, est présentement, je crois, Capitaine de Port sur les côtes de Canada. Il venoit faire du bois & de l'eau, & vendre la prise qu'il avoit faite sur les Anglois, & qui consistoient en deux petits Bâtimens chargez de farine. M. de Subarcas a toujours regardé l'arrivée de ce Navire & la nôtre, comme un ſecours certain du Génie qui protege la France, puiſque huit jours après nous vîmes venir moüiller à la vûë de la place vingt-huit Vaiſſeaux Anglois, qui comptoient ſe rendre aiſément maîtres de l'Acadie.

Pour leur faire voir que nous étions en état, ou du moins dans la réſolution de nous oppoſer à leur deſſein, nous eûmes la hardieſſe de nous avancer vers eux, trois à quatre cens, tant Canadiens & Sauvages, que Flibuſtiers on Habitans du Pays. Nous avions ordre de faire d'abord belle contenance, comme ſi nous euſſions voulu troubler leur deſcente; Mais pour deux cens hommes tout au plus que nous étions de chaque côté à tirailler ſur leurs Chaloupes, ils mirent à terre plus de quatre à cinq mille Anglois, qui nous firent bientôt reculer. Néanmoins en reculant, nous faiſions ſur eux chacun trois ou quatre décharges avant qu'ils puſſent nous débuſquer de derriere les arbres, & nous obliger à nous retirer plus loin. De ſorte qu'en recommençant à tirer ainſi de vingt-cinq en vingt-cinq pas, nous leur tuâmes bien du monde. Notre retraite ſemblable à celle des Parthes, étoit funeſte à nos ennemis.

Le Gouverneur craignant qu'à la fin il ne nous fût très-difficile de rentrer dans la Place, ſortit pour nous ſoutenir à la tête de toute ſa Garniſon, compoſée d'environ cent Soldats. Nous combatîmes tous enſemble avec une extrême vigueur, juſqu'à ce que voyant notre Cavalerie démontée, nous jugeâmes à propos de nous renfermer dans la Place. C'eſt-à-dire, après que le Gouverneur eut perdu ſon cheval qui fut tué ſous lui, & qui étoit le ſeul que nous euſſions dans notre Garniſon.

Pendant les premiers jours que les Anglois nous tinrent comme bloquez, ils envoyerent le long des côtes piller & ravager tout le Pays par divers partis, pour tirer quelque fruit du blocus ; ce qui pourtant ne demeura pas long-tems impuni. Le Capitaine Baptiſte, brave Canadien, quoiqu'il n'eut avec lui qu'une quarantaine de Sauvages, les obligea bientôt à ſe tenir ſur leurs gardes : Il leur ſurprenoit à tout moment quelque troupe qu'il battoit ; puis il ſe retiroit dans les bois, & harcelant ainſi l'ennemi, il ne laiſſoit pas de l'inquiéter.

De notre côté, nous commençâmes auſſi à faire des ſorties, le Baron de Saint Caſtin avec ſes Sauvages, & moi avec les miens.

Ce Gentilhomme étoit fils d'un Baron François, & d'une Sauvageſſe que ſon pere avoit épouſée étant priſonnier parmi les Sauvages, & il pouſſoit la bravoure juſqu'à la témerité. Auſſi étoit-il eſtimé de tout le monde, & regardé comme un Officier fort utile à la France. Il joignoit à ſa valeur toute la probité d'un honnête homme avec un mérite ſingulier. Il ſe faiſoit ainſi que moi un plaiſir d'être toujours habillé en Sauvage.

Enfin les Anglois conſiderant que leurs ravages leur coutoient plus de ſang qu'ils n'en tiroient de profit, rappellerent leurs partis, & firent quelques tentatives pour emporter la Place, mais ils furent repouſſez à tous les aſſauts qu'ils y donnerent. M. de Subarcas ſentit alors le beſoin qu'il avoit des Flibuſtiers & des Canadiens. Outre que ſa Garniſon n'étoit pas nombreuſe, elle étoit ſi peu aguerrie, que ſans nous elle n'auroit pas tenu vingt-quatre heures. Le Soldat principalement avoit ſi bien perdu l'eſperance de réſiſter long-tems, qu'il ne ſongeoit qu'à déſerter, & les Officiers avoient bien de la peine à les en empêcher. Un jour il en déſerta deux qui donnerent par leur fuite occaſion aux Flibuſtiers de me connoître, & un grand deſir de m'avoir pour confrere. Voici l'avanture en peu de mots.

Les deux déſerteurs ayant trouvé moyen de s'écarter, tournerent ſans précipitation leurs pas vers les Anglois, devant nous & en plein midi. Le Gouverneur qui les voyoit déſerter ſi tranquillement, fut irrité de leur procedé, & marqua une extrême envie de les ravoir, pour les traiter comme ils le méritoient. J'entrai dans ſon reſſentiment, & je m'offris à les lui ramener. Il faisoit difficulté de me prendre au mot, à cause du péril où il falloit me jetter pour tenir ma parole ; mais sans m'amuser à vaincre sa répugnance par mes discours, je choisis trois de mes Algonquins les plus alertes, & me mis avec eux sur les traces des deux Soldats. Nous passâmes avec une vitesse surprenante à cinquante pas des ennemis qui firent feu sur nous, & nous coupâmes les déserteurs qui s'étoient arrêtez pour nous voir courir. Nous les saisîmes & les ramenâmes au Gouverneur, qui sur le champ leur fit couper la tête. En même-tems il m'accabla de caresses, & me donna publiquement des loüanges, dont ma vivacité le fit repentir une heure après.

Pour proportionner la récompense au service que je venois de rendre, il eut la bonté de m'assigner pour mes Sauvages & pour moi une portion copieuſe de viande & d'eau de vie, dont on commençoit à nous faire des parts aſſez minces. Le Garde-magazin nommé Dégoutin, qui avoit eu apparemment en France le même emploi, & qui croyoit avoir encore affaire à des Soldats François, nous voulut faire paſſer quinze livres pour vingt, & des os pour de la chair. Je m'en plaignis, il me bruſqua, & moi qui n'ai jamais été fort endurant, je lui repliquai par quelques coups de ſabre, qui le mirent hors d'état de m'empêcher de me faire moi-même bon poids & bonne meſure.

Ce trait fut auſſi-tôt rapporté au Gouverneur, qui ſortit d'un air furieux, & vint ſur moi un piſtolet à chaque main, jurant, comme on dit, ſes grands Dieux, qu'il caſſeroit la tête à quiconque oseroit manquer de respect à ses Officiers. Sa colere m'effraya si peu, que j'eus la témerité de jurer plus haut que lui, & de le défier de tirer. Il étoit homme à punir mon audace, & je crois qu'il auroit déchargé sur moi ses pistolets, si Morpain & quelques autres Flibustiers ne lui eussent retenu les bras, & représenté qu'un Sauvage étoit excusable d'ignorer les Loix de la Discipline militaire, & que si nous les apprenions peu à peu de ses Soldats, nous leur apprendrions peut-être aussi à être intrépides & fideles.

Ces raisons, ou plutôt le besoin qu'il avoit de mes Sauvages, qui jusqu'au dernier se seroient tous fait tailler en pieces en me vengeant, ralentit son couroux. Il nous fit une longue leçon sur nos devoirs, & me dit ensuite qu'il me pardonnoit mon emportement, parce qu'il étoit persuadé que je ne m'y ſerois pas laiſſé aller, ſi j'avois ſçû que s'en prendre à un de ſes Officiers c'étoit l'attaquer lui-même, qui repréſentoit la perſonne du Roi. Telle fut la belle action qui fit ſouhaiter aux Flibuſtiers de m'avoir avec eux. Ils jugerent par-là que j'étois un témeraire qui ne connoiſſoit point le péril, & qui étoit incapable de plier. En un mot je leur parus digne d'augmenter le nombre des Flibuſtiers. Cependant ils ne me le propoſerent pas encore.

L'entrepriſe que formerent les Anglois après cela, ne leur réüſſit pas mieux que le reſte. Ils s'efforcerent vainement de brûler les Vaiſſeaux qui étoient ſous le canon de la Place. Si bien que ſe voyant près de manquer de vivres, & faiſant réflexion que nous les battions de leurs propres armes, en nous ſervant des Farines que Morpain leur avoit enlevées ; & qu'ils destinoient pour leur Flote, ils prirent prudemment le parti de se retirer.

Ils ne nous croyoient pas assez hardis pour oser les attaquer dans leur retraite ; & dans cette confiance ils se rembarquoient avec assez de tranquilité, lorsque sortant brusquement de nos bois, nous tombâmes à l'improviste sur onze à douze cens hommes qui, en attendant les Chaloupes, pilloient quelques Maisons situées sur le rivage. Nous en tuâmes un grand nombre avant qu'ils se missent en deffense ; mais ils ne tarderent pas à s'y mettre ; & furent bientôt soutenus. Il y eut alors une action des plus chaudes, & dans laquelle nous eûmes le malheur de perdre M. de Saillant, l'un de nos plus braves Officiers. Le Baron de Saint Castin y fut blessé dangereusement, aussi-bien que M. de la Boulardedrie.*

Quelques Flibustiers auprès de qui je combattois, me remarquerent avec plaisir dans la mêlée. Ils s'apperçurent qu'après avoir cassé mon sabre, je me servis de la crosse de mon fusil comme d'une massuë, sans m'effrayer d'un coup de feu que j'avois reçû dans la cuisse. Cela les confirma dans la bonne opinion qu'ils avoient de mon courage, & ils résolurent de m'engager à quelque prix que ce fût dans la Flibuste. Je découvris leur dessein à la façon seule dont ils firent mon éloge à M. de Subarcas, qui pour me dédommager de la perte de mon

* C'est ce même Officier auquel il y a quelques années, il arriva un accident à Brest. Il donnoit un repas à plusieurs Messieurs & Dames de la Ville sur une Frégate neuve, qu'il voulut leur faire voir sous voiles ; le Bâtiment fit capot à la vûë de toute la Ville, & tous les Convives périrent.

fusil que j'avois entierement brisé sur les têtes Angloises, me fit présent de celui qu'il portoit lui-même. Ce fusil étoit fort bon, & je m'en suis utilement servi dans la suite.

Au lieu d'employer la Frégate la Biche à l'usage auquel d'abord elle avoit été destinée, M. de Subarcas aima mieux l'envoyer en France porter la nouvelle de l'entreprise des Anglois, & il chargea M. de la Ronde d'en aller rendre compte à la Cour. Plusieurs Canadiens furent de ce voyage. Pour mes Algonquins & moi, quelque envie que nous témoignassions de nous mettre en Mer, nous ne pûmes en obtenir la permission; le Gouverneur voulant nous garder jusqu'à ce qu'il eut des réponses de France, & se proposant même de ne nous renvoyer en Canada qu'à la fin de l'été, s'il ne lui venoit pas des ordres contraires. Je me plaignis hautement de son procedé, disant que je ne m'étois engagé que pour faire des courses sur la nouvelle Angleterre, & nullement pour m'enfermer dans une Place; & en grossir la Garnison.

Les Flibustiers pour attiser le feu, nous représentoient qu'on se mocqueroit de nous en Canada, si l'on nous y voyoit retourner au bout de quatre mois sous l'aîle de nos peres & meres, après leur avoir dit adieu pour longtems. Ils m'exposoient en particulier, & me vantoient tout ce que leur état avoit de plus propre à flater mes inclinations. Ce qu'il y a de gracieux parmi nous, me disoient-ils, c'est que chacun est Officier, & ne travaille que pour lui. Nous sommes tous égaux, & notre Capitaine n'a point d'autre privilege que celui de passer pour avoir lui seul deux voix dans les délibérations, je dis passer, car pour dire les choses comme elles sont, il n'a qu'une voix comme les autres; ou plutôt il n'en a point du tout, puisque quand il s'agit de résoudre si l'on attaquera ou non, l'alternative n'est pas à son choix, & qu'il doit necessairement opiner pour l'attaque, afin de n'être jamais obligé de combattre contre son sentiment. Vous nous avez vûs les armes à la main, ajoûtoient-ils, & vous avez pû remarquer que nous avons le cœur au métier. Faut-il en découdre? nous nous y portons en braves gens; l'occasion nous manque-t'elle d'exercer notre valeur? rire, boire, joüer, voilà notre occupation. Peut-être vous étonnez-vous que nos Vaisseaux soient petits, mais songez qu'ils en sont plus legers, & nous les voulons de cette sorte pour joindre facilement ceux que nous avons desſein d'attaquer. Si vous étiez d'humeur à prendre parti avec nous, vous verriez que les plus grands Vaiſſeaux ne nous épouventent point. Avec nos Bâtimens de ſix ou huit pieces de canons, nous en emportons quelque fois de cinquante pieces, & de deux à trois cens hommes d'équipage. Pourquoi cela ? c'eſt que ſans canoner nous allons tout d'un coup à l'abordage, & qu'alors un brave Officier vaut mieux que dix Soldats.

Vous avez pû juger auſſi, pourſuivoient-ils, par les Farines que nous avons venduës au Gouverneur, que dans les priſes que nous faiſons, nous ne payons qu'un dixiéme à l'Amirauté, & que tout le reſte eſt pour nous. D'abord que nous nous ſommes rendus maîtres d'un Vaiſſeau, nous faiſons le partage de ſes marchandiſes au pied du grand maſt, quand cela se peut, si non, nous envoyons vendre la capture au premier Port; & nous en partageons le prix. Nous ne sommes pas alors fâchez de n'être qu'un petit nombre. Moins il y a de parts, plus elles sont grosses. Au reste, on a souvent éprouvé qu'on est toujours assez de gens à un abord pour peu qu'on soit d'hommes vaillans. Quoique nous ne soyons pas ordinairement en grand nombre lorsque nous attaquons, cela ne nous empêche pas de combattre à découvert sans nous bastinguer ou retrancher, comme on fait sur tous les autres Vaisseaux.

Tous ces discours & beaucoup d'autres encore que ces Flibustiers me tenoient tous les jours pour me débaucher, m'inspirerent enfin l'envie d'exercer leur profession avec eux. Je leur promis de les aller joindre le jour de leur départ le plus secretement qu'il me seroit possible ; attendu que M. de Subarcas, qui se doutoit de notre complot, leur avoit deffendu de m'emmener avec eux, sous peine de leur faire perdre ce qui leur étoit dû de reste pour leurs Farines, & qu'il leur devoit payer en lettres de change.

J'avois coutume de passer de tems en tems des deux ou trois jours à chasser dans les bois avec quelques-uns de mes Sauvages, ou bien j'allois le long des Côtes à la découverte. Lorsque je sçus le jour que le Vaisseau devoit partir, & le lieu où je devois l'attendre, je pris au Magasin des provisions pour plusieurs jours, & je sortis à mon ordinaire avec neuf ou dix de mes Algonquins, que je menai jusqu'à l'endroit qu'on m'avoit indiqué. Dès que je l'eus reconnu, je leur fis reprendre la route de Port-Royal en nous écartant dans les bois afin de pouvoir leur échaper. J'avouë que ce fut pour moi un triste quart-d'heure que celui-là. En considérant que j'allois quitter des amis tout dévoüez à mon service, j'en soupirai de douleur, & malgré la dureté de mon naturel, je me sentis presque aussi affligé qu'un pere, que la necessité oblige à s'éloigner de ses enfans.

J'avois peut-être trente ou quarante pistoles en monnoye du Pays, c'est-à-dire, en cartes à joüer, signées du Gouverneur, & de l'Intendant : J'avois envie de leur donner cela ; mais je ne sçavois comment m'y prendre. Cependant je m'avisai de dire à l'un d'entre eux que je m'étois imprudemment chargé de ces cartes plus incommodes que pesantes, & que je le priois de les porter à son tour pour me soulager. Après quoi m'étant arrêté en chemin, je leur dis d'aller toujours au petit pas. Ce qu'ils firent dans la pensée que je les rejoindrois dans un moment. Sitôt que je les eus perdus de vûë, je retournai vers le lieu où les Flibustiers m'avoient donné rendez-vous, & je m'y cachai en attendant leur arrivée.

C'étoit une petite Isle à douze ou quinze lieuës de Port-Royal. Le soleil commençoit à se coucher, quand je découvris le Vaisseau des Flibustiers; il étoit tems qu'il parut. Touché de l'inquiétude où j'étois sûr que je mettois mes pauvres Sauvages, je les plaignois, & il y avoit des momens où je me sentois tenté de les aller retrouver dans le bois. Je suis persuadé qu'ils y passerent la nuit à me chercher, en poussant des cris & des hurlemens. Quoi qu'il en ſoit ; d'abord que je vis venir mes nouveaux Compagnons, je ceſſai de m'occuper des autres, & ne ſongeai plus qu'à me diſtinguer dans la Flibuſte par des actions d'éclat.

La premiere choſe que me dirent les Flibuſtiers, fut que le Gouverneur ravi de les voir partir ſans moi, leur avoit expedié leurs lettres de change le plus galament du monde. Ce qui nous fournit une belle occaſion de rire à ſes dépens. Je n'aurois guére tardé à m'appercevoir, ſi je n'en euſſe pas déja été convaincu, que je ne pouvois être avec des vivans d'une humeur plus conforme à la mienne. Ils me revêtirent d'un habit d'ordonnance, & ſe cotiſerent tous pour me faire une bourſe, afin que je puſſe joüer avec eux ; car enfin que faire ſur Mer ſi l'on ne joüe ? J'eus peu de peine à m'y accoutumer, & de là prit naissance & racine en moi la maudite passion que j'ai pour le jeu ; & que je ne sçaurois me flater de pouvoir jamais vaincre.

Je donnai au commencement la comedie à ces grivois par mes naïvetez, & par la trop docile simplicité avec laquelle j'exécutois tout ce qu'ils me disoient qu'il falloit faire : Le desir d'apprendre la Marine me rendoit capable de tout ; je me souviens, par exemple, qu'ils eurent la malice de me laisser pendant un demi-quart d'heure me tourmenter pour empêcher le Vaisseau de pancher sur les flots, comme si le poids de mon corps eût pû produire cet effet sur un grand Bâtiment de même que sur un petit canot. Heureusement je ne faisois pas deux fois la même sotise, & quinze jours après notre embarquement je n'étois pas plus neuf que les autres.

Ils voulurent voir un jour pour se divertir seulement, si j'avois mauvais vin, & remarquant que je n'aimois point cette liqueur, ils me firent boire de l'eau de vie. Je m'ennivrai de cette boisson sans répugnance, & me mis dans l'état où ils me souhaitoient pour faire leur épreuve. A mesure que les vapeurs de l'eau de vie troubloient ma raison, j'en devenois plus gai. Ce qui obligea quelques-uns de mes confreres, à m'agacer. Ils affecterent de me dire des choses désobligeantes, & de me pousser à bout. J'en fus piqué tout de bon, & me jettant sur eux le coutelas à la main, je ne sçai ce qu'il en seroit arrivé, si des Flibustiers qui m'observoient ne m'eussent saisi par derriere, & attaché jusqu'à ce que ma fureur & mon yvresse fussent passées. Ce qu'il y eut de malheureux dans cette scene, c'est que je balafrai un Flibuſtier fort aimé de tout l'équipage, quoiqu'il fut Eſpagnol. J'en eus beaucoup de chagrin, lorſque j'appris que tout cela n'avoit été qu'une comedie concertée entre mes camarades. Telle eſt ſouvent la fin des jeux de la folle jeuneſſe: Ils dégénérent en affaires ſérieuſes.

Je brulois d'impatience de rencontrer un Vaiſſeau pour en venir aux priſes avec lui. J'étois fort curieux de voir de quelle façon je me tirerois d'un combat naval, & j'avoüois franchement aux Flibuſtiers que s'ils me faiſoient demeurer encore quelque tems dans l'inaction, ils m'obligeroient à regréter mes Sauvages. Néanmoins malgré la démangeaiſon que j'avois d'aller à l'abordage, il ſe paſſa près d'un mois ſans qu'il s'en offrit la moindre occaſion. A la fin pourtant nous rencontrâmes une Frégate Angloise de vingt-quatre piéces de canon, & de cent trente hommes d'équipage.

Je n'avois point été surpris qu'on fit la priere publique soir & matin sur le Vaisseau ; mais je le fus au-delà de tout ce qu'on peut penser, quand j'entendis notre équipage entonner joyeusement le *Salve*, si-tôt que nous fûmes à la portée du canon. Effectivement cette priere se trouva très-convenable à une vingtaine des nôtres, qui furent tuez pendant une demie-heure que nous demeurâmes exposez au feu du canon & de la mousqueterie des Anglois ; sans qu'il nous fût possible de les aborder. Aussi dès que nous eûmes mis le pied sur leur pont, nous terminâmes cette affaire, & pour cinq hommes que nous perdîmes encore, ils en eurent plus de soixante d'expediez, & le reste se rendit.

Morpain & les autres jugerent bien alors qu'ils ne s'étoient pas trompez, quand ils m'avoient fait l'honneur de me croire doüé des qualitez requises pour être Flibustier ; car je fus un des premiers à sauter sur le bord ennemi, & à me jetter au milieu des Anglois, à qui toutefois je ne fis pas grand mal, parce qu'ils ne m'en donnerent pas le tems, & qu'ils me gratifierent d'un coup de feu, sans préjudice d'un coup d'épée que je reçus dans le corps. Ces deux blessures m'arrêterent tout court, & me mirent hors de combat. Nous eûmes huit ou neuf des nôtres, qui furent aussi blessez, les ennemis ayant fait sur nous par leurs meurtrieres deux ou trois décharges de mousqueterie avant que d'amener.*

C'est la coutume, parmi les Fli-

* C'est baisser le pavillon pour marquer qu'on se rend.

bustiers, que chacun ait son Matelot, qu'il appelle son ami, son frere, ou son associé. Ce Matelot le sert dans sa maladie, le veille, prend soin de lui, & devient son héritier s'il meurt. Si j'eusse perdu la vie, je n'aurois pas fort enrichi le mien, nos parts n'étoient pas considérables ; la capture ne valoit pas ce qu'elle nous avoit couté. Nous la vendîmes au Port de Paix * dans l'Isle Saint Domingue.

En arrivant dans ce pays-là, je fus étonné des chaleurs qui s'y font sentir, moi qui n'avois jamais oüi parler de Zone Torride. Je ne me vis pas plutôt guéri de mes blessures, & en état de pouvoir sortir, que je m'allai promener sur le Port, où j'appris qu'il y avoit un homme de Montreal

* Ce n'est qu'un gros Bourg sur la Côte septentrionale de l'Isle, mais il a un très-bon Port.

établi à quelques lieuës de là, dans une jolie habitation. On me le nomma ; je connoissois sa famille ; je me proposai de me rendre chez lui, & d'y passer quelques jours pour éprouver s'il faisoit aussi grand chaud à la campagne que dans le Bourg. Notre Capitaine m'y fit conduire, après m'avoir assuré que d'un mois entier nous ne serions en état de nous remettre en Mer. Il le croyoit ainsi ; mais dès le lendemain de mon départ, ayant été averti qu'un Bâtiment Anglois qui traînoit après lui une prise Françoise, venoit de passer à la vûë du Port, il s'informa de sa route, & se mit aussi-tôt à ses trousses, sans se donner le tems de m'attendre, ni même de me le faire sçavoir. De maniere qu'au bout de quinze jours étant revenu au Port de Paix, je ne trouvai plus personne.

J'avois entendu dire qu'on étoit quelquefois des trois ou quatre mois en Mer ſans relâcher dans aucun Port. Outre que je ne me ſentois pas d'humeur à reſter ſi long-tems oiſif, j'ignorois ſi le Vaiſſeau de Morpain reviendroit moüiller en cet endroit. Cependant j'eus la patience de m'y arrêter tant que j'eus de l'argent, après quoi mon hôte me conſeilla de prendre la route du Cap qui eſt à quinze lieuës de là, en me diſant qu'il y avoit toujours dans ce lieu quelque Flibuſtier, & que même on en voyoit ſouvent pluſieurs qui y venoient relâcher enſemble.

Je partis pour le Cap ; je n'avois, je m'en ſouviens, pour armes que mon coutelas, & pour garde-robe que ma chemiſe, avec mes culottes, & une petite veſte qui de blanche qu'elle avoit été, comme le reſte, avoit pris une teinture de gris-brun que je lui fis perdre dans un fort beau ruisseau que je rencontrai sur mon chemin. M'étant blanchi de cette sorte, je continuai ma route en laissant au soleil le soin de me sécher. Sur la fin de la journée, j'apperçus six Cavaliers, qui paroissoient se promener dans la Campagne. Ils s'approcherent de moi, & commencerent à me questionner. Je leur avoüai ingénument qui j'étois & où j'allois. Là-dessus ils me dirent qu'il y avoit pour moi du péril à faire mon voyage à pied. Que je trouverois plusieurs Rivieres que je ne pourrois passer à la nage, sans m'exposer à être dévoré par des poissons * monstrueux dont elles étoient pleines. Je ne crains point les poissons, Messieurs, leur répondis-je, je nage aussi-bien qu'eux,

* On appelle ces poissons Caymans.

&

& ils n'ont pas de ſabre comme moi.

Cette réponſe & pluſieurs autres que je leur fis, leur inſpirerent l'envie de me retenir, & de me rendre ſervice, ainſi que je l'éprouvai dans la ſuite. Le principal de ces Meſſieurs étoit un Capitaine de Côtes nommé Rémouſſin, né Creole, de même que ſon épouſe, & les perſonnes qui l'accompagnoient étoient ſes parens pour la plûpart. Il poſſedoit de grandes richeſſes, & ſon Habitation contenoit un petit monde de Négres.

M. de Rémouſſin m'invita fort poliment à faire quelque ſéjour chez lui, & voyant que je m'en deffendois : Du moins, me dit-il, demeurez avec nous juſqu'à demain. Je ne ſouffrirai pas que ſi près de ma Maiſon un galant homme comme vous paſſe la nuit à l'air. J'eus beau leur dire que dès mon enfance parmi les Sauvages, je m'étois accoutumé à coucher sur la dure; ma résistance fut vaine. Deux de ces Cavaliers descendirent de cheval, & me mirent de force en croupe derriere M. de Rémoussin. Je n'aurois pas eu besoin de leur secours ni même d'étrier pour y monter de bon gré; mais j'étois décontenancé à ne sçavoir quel parti prendre. Ils m'embarassoient plus par leurs honnêtetez, qu'ils n'auroient fait en m'attaquant tous six à la fois.

Quand on se trouve dans un Pays inconnu avec de nouveaux visages, on ne sçait si leurs caresses sont les préludes du bien ou du mal qu'ils vous veulent faire. Suivant la différence des Peuples, les uns vous surprennent & vous conduisent à la mort par les mêmes moyens que les autres employent à vous secourir. C'est un embaras où je me ſuis vû bien des fois ; & franchement dans cette occaſion, je ne fus pas ſans défiance. Quoique ces gens-ci, diſois-je, parlent François, ce ſont peut-être des Anglois qui vont me mettre aux fers, ou me faire mourir cruellement ; encore s'ils ſe déclaroient mes ennemis, j'en tuërois quelqu'un, & je mourrois ſatisfait.

Je croyois pourtant qu'il n'y avoit dans ce Pays que des François & des Eſpagnols qui devoient alors être unis d'interêts ; mais d'un autre côté, je me ſouvenois que les Flibuſtiers m'avoient dit que malgré l'alliance de ces deux Nations, il falloit un peu ſe défier de la derniere, qui poignardoit quelque fois un homme en le careſſant.

Il y avoit auſſi des momens où je m'imaginois que je pouvois être avec des voleurs, & lorſque je m'arrêtois à cette pensée, je ne trouvois pas qu'ils eussent grand sujet de s'applaudir de ma rencontre, puisque je n'avois pour tout argent qu'une trentaine de sols en monnoye pour faire mes quatorze lieuës. Autre embaras : Je n'avois jamais été à cheval ; je n'avois pas peu de peine à m'y bien tenir ; & je craignois en tombant d'exciter les ris de mes conducteurs à mes dépens.

L'Habitation où l'on me menoit n'étoit pas éloignée, nous y arrivâmes bientôt : Hola ho ; Mesdames, s'écria M. de Rémoussin, en appellant sa femme & plusieurs parentes qui étoient avec elle : Voici un Sauvage curieux que je vous amene. Sans aller en Canada, vous allez voir un Iroquois, mais un Iroquois qui ne vous fera pas peur. A ce mot d'Iroquois, les Dames se formant une idée de monstre, fait à peu près comme leurs Négres, s'avancerent pour me considérer, & ce ne fut pas sans étonnement qu'elles virent un gros garçon d'assez bonne mine, blanc & blond comme le sont communément les Canadiens.

Quoiqu'à la vûë de ces aimables personnes je me fusse un peu rassuré, & que je jugeasse bien que j'étois avec d'honnêtes gens, je ne laissai pas de les aborder d'un air qui sentoit tant soit peu l'Iroquois. Mais il falloit me le pardonner, je n'étois guére propre à m'entretenir avec le beau sexe. Néanmoins n'étant alors obligé que de répondre aux questions que les Dames me faisoient sur le Canada, sur les Sauvages, & sur leur façon de vivre, il ne me fut pas difficile de les satisfaire. Je m'apperçûs même que je les divertissois infiniment, malgré ce qu'on appelle les gros mots, dont j'aſſaiſonnois ma narration. Elles me trouvoient une naïveté qui les réjoüiſſoit.

On ſervit un ſouper ſplendide. Il ne me manqua rien pour être charmé de ce repas, que la permiſſion de boire de l'eau pure ; mais tous les Convives me forçoient à boire du vin à leur exemple ; ce qu'ils faiſoient avec des manieres ſi engageantes, que je ne pouvois m'en deffendre, quelque peu de goût que j'euſſe pour cette boiſſon. Elle me donna tant de vivacité, que la compagnie, ayant témoigné qu'elle étoit curieuſe de ſçavoir pourquoi j'avois abandonné les Iroquois, & enſuite le Canada ; elle eut ſujet d'être contente des diſcours que je tins là-deſſus. Je fis ſurtout avec enthouſiaſme le détail du Siége de Port-Royal, de l'attaque du Vaiſſeau Anglois, & de ſa priſe, ſans oublier la moindre circonſtance. Ce qu'il y a de plaisant, c'est qu'à chaque phrase je disois toujours : *Oh je vais me remettre en Mer* : Et ce refrein faisoit pousser aux Convives de grands éclats de rire.

Madame de Rémoussin étonnée de me voir dans un âge si peu avancé ne respirer que les combats, m'en fit des reproches, en me demandant malicieusement combien j'avois mangé d'Anglois depuis que je courois les Mers. Ne doutant point que je ne fusse assez inhumain pour suivre la coutume des Sauvages, qui disent qu'un ennemi vaincu augmente personnellement leurs provisions de bouche. Je sentis bien que je méritois ce trait railleur, & que j'avois tort en effet de faire des portraits si cruels devant des Dames. Mais c'est une regle générale que chacun aime à parler de son état. Je fus pourtant dans la suite un peu plus retenu.

Lorsque nous fûmes levez de table, M. de Rémoussin me conduisit lui-même dans une salle où il me dit : Voilà votre chambre & votre lit ; vous avez besoin de repos, & vous pouvez le gouter ici comme si vous étiez dans votre famille. On va vous apporter tout ce qui vous est necessaire pour la nuit. S'il vous faut autre chose, vous n'avez qu'à le demander librement. Il sortit en disant ces paroles, & deux Négresses vinrent étendre sur le lit deux draps des plus fins ; elles me présenterent ensuite une chemise, un bonnet, & des serviettes, tandis que deux Négres qui avoient apporté un grand bassin d'eau claire, me répetoient sans cesse : *Laver, Maître, laver*. Comme je n'étois point fait à de pareilles cérémonies, je regardois tranquillement ces Négres sans leur répondre. Ils prirent mon ſilence pour un conſentement, & ſe mirent en devoir de me deshabiller ; mais peu ſatisfait de l'empreſſement de mes valets de chambre, je me préparois à leur donner leur congé, & à les mettre à la porte, lorſque M. de Rémouſſin, qui de ſon appartement entendoit notre conteſtation, revint me trouver pour me demander pourquoi je faiſois de telles façons. Je lui répondis que n'étant pas en état de reconnoître ſes bontez, il me ſuffiſoit de paſſer la nuit dans la cabane d'un de ſes Négres, pour moins incommoder, & pour partir dès la pointe du jour.

Vous comptez ſans votre hôte, repliqua-t-il, ſi vous vous propoſez de nous quitter dès demain. C'eſt ce que nous ne vous permettrons nullement. Nous connoiſſons trop le danger qu'il y auroit pour vous à pourſuivre votre chemin. Si vous voulez abſolument aller au Cap au lieu d'attendre ici vos Compagnons, je vous promets de vous y mener moi-même inceſſamment dans ma Pirogue.* En attendant, ajoûta-t-il, en mettant huit ou dix Loüis d'or dans ma poche, voilà dequoi vous amuſer & joüer avec nous, ſi cela vous fait quelque plaiſir. Enfin, regardez-moi, de grace, comme votre frere, & ſoyez tranquille.

Ce procedé ſi noble & ſi généreux du Maître, me fit recevoir ſans façon les ſervices de ſes Eſclaves, & laiſſant faire les Négres, je fus bientôt deshabillé, lavé, frotté, & couché. Je puis dire que le lendemain, & les jours ſuivans, on me traita en enfant gâté. Les Dames ainſi que les

* Eſpece de Chaloupe ſouvent faite d'un ſeul tronc d'arbre, ſurtout dans l'Amerique méridionale. Ces Pirogues ſont légeres, & il y en a qui peuvent porter juſqu'à cinquante perſonnes.

hommes, me faisoient des caresses à l'envi. C'étoit à qui prendroit plus de soin de moi ; cela me fit bien sentir la difference qu'il y a des secours qu'on peut attendre des Sauvages, à ceux qu'un malheureux éprouve chez une nation civilisée, humaine, & obligeante. Telle est entre autres la Françoise, particulierement dans ces Isles.

N'étant pas accoutumé aux chaleurs excessives du climat, je restois ordinairement avec les Dames, pendant que leurs époux montoient à cheval, & faisoient leurs tournées vers les Côtes. L'Habitation étoit un vrai serail pour ces femmes infortunées ; elles ne voyoient que leurs maris, & encore avoient-elles des rivales dans leurs Négresses. Quelques parentes de Madame de Rémoussin, qui ne s'en appercevoient que trop, s'en plaignoient aſſez hautement, mais elles avoient affaire à des maris qui ne s'en ſoucioient guére.

Une de ces épouſes négligées qui ſouffroit apparemment avec plus d'impatience que les autres, cette aliénation de ſes revenus, jetta les yeux ſur moi pour en être dédommagée. Elle me fit toutes les avances que peut faire une honnête femme qui médite un deſſein qu'elle ſe reproche ſans pouvoir y renoncer. Mais j'étois alors ſi peu au fait ſur cet article, qu'a moins de me dire bois, je n'aurois jamais oſé toucher au verre. Souvent elle me tirailloit en particulier, me prenoit les mains qu'elle ſerroit entre les ſiennes, & me regardant d'un air paſſionné, elle me plaignoit de l'incommodité que me cauſoient les chaleurs du climat : Elle gémiſſoit ſur les bleſſures que j'avois reçûës dans l'attaque du Vaiſſeau

Anglois, & m'exhortoit tendrement à n'en plus chercher de nouvelles. N'est-ce pas grand dommage, me disoit-elle, que jeune & aussi aimable que vous l'êtes, vous ayez embrassé la plus pénible & la plus dangereuse de toutes les professions. Est-ce que vous n'aimeriez pas mieux demeurer avec nous dans cette charmante solitude, que de vous exposer à tant de périls ? Je suis persuadée, ajoûtoit-elle, que vous êtes de meilleur goût que nos maris, & que vous nous préfereriez aux Négresses ? Parlez, M. de Beauchêne, n'est-il pas vrai que nous valons mieux qu'elles ? Je confesse qu'à des questions qui me donnoient si beau jeu, je ne sçavois répondre que *oüi, Madame, non, Madame ; vous avez bien de la bonté, Madame.*

La plupart de mes Lecteurs diront sans doute, que je faisois-là un vrai rôle de ſot ; j'en conviens ; mais quelques-uns pourront s'écrier : O précieuſe ignorance ! O trop heureuſe ſimplicité ! Ce qu'il y a de certain, c'eſt que ſi j'euſſe violé les loix de l'hoſpitalité en profitant de la foibleſſe qu'on me témoignoit, M. de Rémouſſin & tous ſes parens auroient fort bien pû m'en punir. Quoiqu'il en ſoit, je ne me reproche aujourd'hui en me rappellant cette avanture, que de m'être quelque fois repenti d'avoir été trop honnête homme.

La Dame qui m'avoit inutilement agacée, ne manqua pas de dire aux autres, qu'elle me croyoit inſenſible à l'amour. Elles penſerent toutes la même choſe de moi. Les unes en rioient, mais il y en avoit qui diſoient fort ſérieuſement : c'eſt dommage. Cela leur paroiſſoit un grand défaut dans un adoleſcent de ma figure. Elles en parlerent à leurs maris ; enfin le bruit s'en répandit parmi les Négres, & je devins bientôt, ſans m'en appercevoir, la fable de l'Habitation.

Pour mes péchez, une maudite Négreſſe des plus malignes, & qui ſervoit de femme de chambre à Madame de Rémouſſin, s'offrit à venger les Dames de mon inſenſibilité. Elle ſe vanta qu'elle trouveroit bien le ſecret de me donner du goût pour les femmes. Tout le monde aplaudit à cette entrepriſe, qui paru digne de récompenſe. Quatre Meſſieurs promirent chacun un Loüis d'or à l'entrepreneuſe, ſi elle réüſſiſſoit. O gens du monde, qu'il eſt difficile que l'innocence ſe conſerve long-tems parmi vous !

La Négreſſe ne perdit pas de tems ; dès le ſoir même ce miniſtre de Satan, agiſſant avec moi comme avec un Sauvage & un

Flibustier, vint me trouver dans ma chambre une nuit. M. de Rémoussin & ses Amis étoient aux écoutes à ma porte. Elle s'approcha de mon lit effrontément, & m'adressant la parole : Monsieur le Canadien, me dit-elle, je me suis bien apperçûë que vous m'aimez, & je ne veux pas vous faire languir davantage. Ce début étonnant, si j'eusse été bien éveillé, auroit été plus propre à soutenir ma vertu qu'à la corrompre. J'aurois indubitablement repoussé les caresses d'une impudente dont je connoissois la laideur; mais j'étois encore tout endormi, & par conséquent je n'ai qu'une idée très-confuse de la réception que je lui fis.

Cependant nos Messieurs qui ne croyoient pas avoir donné pour rien leur argent, ne pouvoient se lasser de rire entre eux de la piece qu'ils m'avoient faite.

Le jour ſuivant pendant le dîné, ils ſe mirent à faire la guerre aux Dames ſur ce qu'elles n'avoient pas l'art d'amuſer leur hôte. Effectivement, Meſdames, dit M. de Rémouſſin, vous devriez, ce me ſemble, nous épargner le ſoin d'inventer des paſſe-tems pour le retenir dans notre Habitation : Il eſt bien honteux pour vous que vos charmes ſeuls n'ayent pas le pouvoir de la lui rendre agréable. Ce qui nous en conſole, répondit en riant Madame de Rémouſſin, c'eſt que le cœur de M. le Chevalier n'eſt acceſſible qu'à la gloire. C'eſt une conquête interdite à l'amour. S'il eſt inſenſible à ce que nous valons, ajoûta une autre Dame, du moins ne nous fait-il pas l'injuſtice de nous préférer des monſtres tels que vos maîtreſſes.

Vous avez trop mauvaiſe opinion de M. le Chevalier, dit alors un autre homme, je juge de lui plus favorablement. Je parie que ces monstres ne lui déplaisent pas, & qu'il donne comme nous la pomme à l'amour Affriquain. Oh, pour cela non, m'écriai je d'un ton brusque ! Il faudroit que j'eusse perdu le bon sens & la vûë, pour être capable de faire un pareil choix ; & je ne sçaurois croire qu'il y ait un homme au monde qui puisse trouver aimables de si vilaines créatures. Vous l'entendez, Mesdames, reprit M. de Rémoussin. Vous devez tenir compte à M. le Chevalier de ce qu'il dit là ; car il ne parle ainsi que par politesse, & par considération pour vous. Non, Monsieur, lui répartis-je ; il me semble que je dois me connoître. Encore une fois, je n'aime point ces beautez infernales, & ne les aimerai jamais.

A cette répartie, M. de Rémoussin appellant la Négresse qui m'avoit séduit : Approchez, Angolette, lui dit-il, venez confondre M. le Chevalier. Dites-nous la verité, ma fille ; on ne vous fera pas le moindre mal ; mais si vous vous en écartez, je vous ferai attacher à un poteau, & donner cinquante coups de foüet bien appliquez. Que s'est-il passé cette nuit entre ce Monsieur & vous ? Là-dessus Angolette fit en tremblant le récit de l'avanture nocturne, & en dit même beaucoup plus qu'il n'y en avoit. Les Dames qui connoissoient la pélerine pour une drolesse accoutumée à joüer de semblables tours, ne me firent pas l'honneur de me croire, quelque chose que je pusse leur dire, pour leur persuader que la Négresse débitoit une imposture. Mon embarras, la surprise des femmes, & les risées des hommes, formoient un tableau assez plaiſant. Pour moi, je n'avois aucune envie de rire ; j'aurois volontiers étranglé l'effrontée qui étoit la cauſe de ma confuſion. Quand j'aurois eu une faute inexcuſable à me reprocher, elle eut été bien expiée par ma honte. Je fus deux ou trois jours ſans oſer regarder nos Dames en face. Le chagrin même que j'en eus fut ſi vif, qu'il me cauſa une maladie dont je ſerois mort infailliblement, ſans les ſoins extraordinaires qu'on eut de moi.

Ne pouvant plus me réſoudre à tenir compagnie aux Dames, lorſque leurs maris étoient abſens, je me promenois tout ſeul dans l'Habitation. En me promenant, je cüeillois & mangeois des oranges, & j'en mangeai tant un jour, que j'en eus la fiévre la nuit avec un ccurs de ventre affreux. L'eſtomac commença auſſi à m'enfler, comme il arrive à la plûpart des personnes qui viennent de France dans ces Isles. Quand on vit que c'étoit le mal qu'on appelle dans le Pays mal d'estomac, on me donna deux Négres des plus forts, qui me prenant sous les bras me promenoient par force, & me faisoient monter & descendre par des chemins très-rudes, & pleins de hauts & de bas. Sans ce pénible exercice, qui est l'unique remede à ce mal, le malade tombe malgré lui dans un assoupissement, pendant lequel ses jambes deviennent enflées après l'estomac, & il en revient rarement.

Outre les Négres qui me promenoient le jour, il m'en falloit d'autres pour me veiller la nuit, & ceux-ci n'avoient pas moins d'occupation que les premiers. On étoit obligé de me tenir de force, & quelque fois de me lier; autrement je me serois blessé ou tué peut-être dans mes accès de fiévre, qui d'ordinaire étoient très-violens. Dans mes délires, j'allois tantôt à l'abordage, & tantôt à la chasse avec des Iroquois. A la fin d'une de ces crises, la connoissance m'étant revenuë, j'apperçus la Négresse Angolette auprès de mon lit. Dans le premier mouvement, je fus tenté de feindre que l'accès n'étoit pas encore passé, de la saisir, & de me venger à coups de poings du tour qu'elle m'avoit joüé. J'avois même déja commencé à crier en Iroquois : *Thetiatbegbein kahoonrai, kahoonrai, acistah.* * Mais remarquant que la pauvre fille s'empressoit fort à me secourir, je ne pus me résoudre à payer si mal ses services.

Les Négres qui toutes les nuits étoient occupez autour de moi,

* C'est-à-dire, mes freres, aux armes, aux armes, feu.

n'étoient plus en état de travailler pendant le jour. Ce qui ne laissoit pas de faire tort à M. de Rémoussin. Heureusement ma maladie ne fut pas de longue durée, & je me rétablis enfin peu à peu. Pénétré des attentions de mon hôte & de mon hôtesse, ainsi que des bontez de toute leur famille, j'aurois, je crois, renoncé à la Mer pour demeurer toujours avec eux, quand Morpain vint moüiller au Port de Paix. Il envoya plusieurs Flibustiers s'informer de moi dans le Pays ; j'étois trop près de la Ville pour que ses perquisitions fussent inutiles. D'ailleurs, on ne parloit aux environs que de l'Iroquois de M. de Rémoussin. Deux de mes Camarades arriverent donc bientôt chez lui, & parurent transportez de joye en me revoyant.

Quoique leur arrivée fit peu de plaisir dans cette Maison, puisqu'ils y venoient pour m'en arracher, ils y furent fort bien reçûs. Telle étoit l'amitié qu'on avoit conçu pour moi, que mon départ affligea tout le monde. Je ne puis y penser encore sans m'attendrir. Personne ne voulut me dire adieu. Il n'y eut que M. de Rémoussin qui eût la force de me voir partir. Je lui protestai que je n'oublierois jamais ce qu'il avoit fait pour moi : Je lui dis que je ne pouvois lui offrir que mon bras ; mais que s'il arrivoit qu'il en eut besoin, de même que de tout l'équipage, je le priois de compter sur moi : que je me ferois toute ma vie un devoir de répandre pour lui jusqu'à la derniere goutte de mon sang. Ce que j'exige de vous, mon cher Chevalier, me répondit-il, les yeux couverts de larmes, c'est de ne nous point oublier, & de nous donner de vos nouvelles le plus souvent

ſouvent qu'il vous ſera poſſible. Je ſouhaite que vous n'ayez pas beſoin de nous, ajoûta-t-il ; mais quel que ſoit votre deſtinée, regardez toujours ma maiſon comme ſi elle étoit à vous. En prononçant ces paroles, il m'embraſſa tendrement, & nous nous ſéparâmes. Pour comble de générosité, il me fit conduire au Port de Paix, avec quatre chevaux chargez, l'un d'habits & de linge pour mon uſage, & les autres d'oranges, d'eau de vie, & d'autres rafraîchiſſemens pour notre Vaîſſeau.

Morpain fut ravi de me retrouver tel qu'il m'avoit laiſſé, je veux dire fort diſpoſé à partager avec lui de nouveaux périls. Il me parut qu'il y avoit bien du changement ſur ſon bord. Je ne vis que des viſages inconnus. C'eſt le ſort des Flibuſtiers. Ils vieilliſſent rarement dans leur profeſſion. Morpain m'apprit que mes premiers Compagnons avoient péri preſque tous dans trois combats où il avoit fait trois priſes différentes, & qu'il cherchoit par tout de braves gens pour les remplacer.

Comme ce n'étoit pas ma faute, ſi je n'avois point combattu avec eux, j'eus ma part ainſi que les autres dans les captures qui avoient été faites. Elles étoient aſſez conſidérables, & je ne fus pas peu ſurpris de me trouver riche ſi promptement. Je crus que le Ciel m'envoyoit tous ces biens pour témoigner ma reconnoiſſance à M. de Rémouſſin. Je fis un troc de quelques meubles qui m'étoient échus contre une montre d'or qui tomboit à un de mes Camarades, je la mis dans une petite corbeille ſous un rouleau de deux cens Loüis, & je fis porter mon préſent à M. de Rémoussin, par un Bourgeois que je connoissois pour un homme qui faisoit ses affaires au Port, & qui avoit soin de l'avertir de tout ce qui s'y passoit.

J'avois chargé mon Commissionnaire de dire que nous étions partis, & qu'il nous avoit vûs déja loin du Port ; mais il n'obéït pas, puisqu'il me rapporta ma corbeille dès le soir même, avec une longue Lettre par laquelle M. de Rémoussin me reprochoit mon procedé, qui lui faisoit craindre, disoit il, que je n'eusse pas reçû les marques de son amitié d'aussi bon cœur qu'il me les avoit données. Il me mandoit pourtant que pour ne pas tout refuser, il avoit retenu la montre. Cela étoit vrai ; mais il avoit remis à la place vingt-cinq Loüis, & c'étoit plus qu'elle ne valoit. Enfin, il étoit écrit que j'aurois à ce galant homme toutes les obligations du monde ; ſans pouvoir dans la ſuite lui témoigner que j'en étois reconnoiſſant ; car tant que j'ai couru les Mers depuis ce tems-là, je n'ai pas eu occaſion de relâcher au Port de Paix, quelque envie que j'en euſſe ; & je n'ai rencontré ſur Mer perſonne qui vint de ce Port, à qui il n'ait demandé de mes nouvelles. *

Quatre ou cinq jours après que j'eus rejoint Morpain, il ſe trouva en état de partir. Nous allames croiſer ſur les Côtes de la Jamaïque, & nous y fîmes pluſieurs priſes pendant cinq mois que nous y demeurâmes. Nous vendîmes la derniere au petit Goave, dont M. le Comte de Choiſeuil étoit Gouverneur. C'é-

* En arrivant à Nantes en 1712. j'appris de quelques perſonnes de Saint Domingue qui ſe diſoient de ſes parens, qu'il étoit mort depuis peu. Je l'ai regreté plus que mon pere.

toit un Bâtiment chargé de vins de Madere ; ce qui fit un plaisir extrême à ce Seigneur, de même qu'à tout le Pays. Il nous fallut plusieurs mois pour radouber notre Vaisseau qui étoit en mauvais état. Pendant ce tems-là, M. de Choiseuil pour nous occuper, résolut de nous faire faire quelques courses sous un vieux & celebre Flibustier, qui s'étoit retiré de la Mer pour vivre tranquillement dans une riche Habitation qu'il avoit aux environs du petit Goave. C'étoit le fameux Montauban, qui dans la guerre précédente avoit conduit à Bourdeaux cinq prises Angloises, qui jetterent tant d'argent dans cette Ville.

M. de Choiseuil eut bien de la peine à tirer Montauban de sa retraite, soit que ce Flibustier n'aimât plus que le repos, soit qu'il eût un pressentiment de ce qui devoit lui arriver. Cependant il ſe laiſſa vaincre ; il accepta la commiſſion avec une belle Frégate de quatorze pieces de canon ; M. de Choiſeuil qui l'avoit dans ſon Port lui en fit préſent. Elle ſe nommoit le Néron ; nous ne ſçûmes pas plutôt que Montauban alloit ſe remettre en Mer , que nous nous engageâmes preſque tous avec ce héros de Flibuſte. Nous mîmes à la voile au bruit des fanfares & du canon de la Place. On eut dit que nous étions aſſurez de la victoire.

Sur la route que nous faiſions vers la Jamaïque , en paſſant à la vûë d'un petit Port , appellé la Quaye Saint Loüis , nous y découvrîmes un Vaiſſeau Eſpagnol , qui y avoit relâché pour échapper à un Garde-Côte Anglois , qui lui avoit donné la chaſſe pendant deux ou trois heures. Ce Navire Eſpagnol étoit de quarante pieces de canon, & foible d'équipage, quoiqu'il fût chargé de piastres. Il est vrai qu'il n'avoit pas cru faire route tout seul, ayant été écarté de plusieurs autres par la tempête. Le Capitaine nous fit demander si nous voulions l'escorter jusqu'à la Havane, nous offrant pour cela telle somme qu'il nous plairoit. Nous lui répondîmes, après avoir tenu un petit conseil là-dessus, qu'un voyage jusqu'à la Havane nous écarteroit trop, & dérangeroit le dessein que nous avions, & pour l'exécution duquel un tems nous étoit prescrit; que nous allions croiser sur les Côtes de la Jamaïque, & que tout ce qu'il nous étoit permis de faire pour son service, c'étoit de le mettre sur celles de la Cuba au Port de Santjago, ou peut-être à celui du Saint-Esprit.

Le Capitaine Espagnol accepta

nos offres, & Montauban qui étoit connu de la plupart des hommes de ſon équipage, leur jura ſur notre vie que juſqu'à ce qu'ils fuſſent en sûreté, nous ne les quitterions que pour courir ſur les Anglois que le hazard nous pourroit faire rencontrer ; qu'en ce cas nous n'exigions d'eux que la complaiſance de nous attendre, leur promettant de les rejoindre après nos expéditions. Les Eſpagnols charmez de nous avoir pour deffenſeurs de leurs piaſtres, voguoient joyeuſement en notre compagnie, en faiſant mille démonſtrations de reconnoiſſance ; & pour nous engager encore mieux à leur être fideles, il ne ſe paſſoit point de jour qu'ils ne nous régalâſſent ſur leur bord par détachemens.

Une nuit le gros tems nous écarta d'eux conſidérablement, & le lendemain ſur les dix heures du matin, quand nous les revîmes, nous remarquâmes qu'ils étoient à deux portées de canon d'une Frégate Angloiſe de trente-ſix pieces de canon. Lorſque nous eûmes rejoint les Eſpagnols, ils nous dirent qu'ils avoient fait ſemblant de vouloir aller aux Anglois ; mais que dans le fond ils n'en avoient eu aucune envie.

Pour nous, nous ne fîmes pas tant de façons. Nous pourſuivîmes le Vaiſſeau Anglois, & le joignîmes en peu de tems, bien qu'il fût aſſez bon voilier. Il faut que je rende juſtice au Capitaine Eſpagnol : Il fit tout ſon poſſible pour nous ſuivre, & courir avec nous la fortune du combat. Nous avions ſur notre bord quatre Eſpagnols, avec qui nous avions paſſé la nuit à joüer. Ils ne furent pas d'abord ſpectateurs oiſifs ; mais ils le devinrent bientôt en nous voyant tout à coup un vingtaine de Flibuſtiers ſur le pont de la Frégate, expédier des Anglois avec tant de vigueur, que ſans être ſoutenus par nos Confreres & par le Vaiſſeau Eſpagnol qui s'approchoit, nous les aurions contraints d'amener. Auſſi les quatre *Senores Cavalleros* qui é-étoient ſur notre bord dirent-ils à leur Capitaine après l'action, que nous étions des diables & non des hommes. Le meilleur de notre priſe conſiſtoit en 130. Négres, que nous envoyâmes vendre à Saint Loüis, & encore n'en retirâmes nous aucun profit, puiſque nous n'entendîmes plus parler ni d'eux, ni du Vaiſſeau qui les portoit.

Si nous montrâmes aux Eſpagnols notre maniere de combattre, nous leur fîmes connoître après cela que la parole d'honneur n'eſt pas moins ſacrée parmi les Flibuſtiers que chez les Guerriers les plus polis. Un jour un des nôtres, j'en ai oublié le nom, s'étant échauffé le cerveau à force de boire avec les Espagnols sur leur bord, nous dit quand il fut revenu sur le nôtre, que si nous voulions suivre son conseil, nous ferions d'un seul coup notre fortune, sans nous exposer au moindre péril. Nous lui demandâmes là-dessus comment : En enlevant, reprit-il, le Vaisseau Espagnol que nous escortons. Nous nous retirerons avec lui à Boucator, après nous être défaits de tout l'équipage.

Montauban, à ce discours, nous regarda tous fixement, comme pour lire dans nos regards ce que nous pouvions penser d'une pareille proposition ; & quoiqu'il n'y eût parmi nous personne qui n'en parût indigné : Messiéurs, nous dit-il, je vous remets la place que vous m'avez donnée, s'il faut que je ſois témoin de l'impunité d'une trahiſon propoſée ; mettez-moi plutôt à terre ſur la premiere côte, je vous demande cette grace. Pourquoi nous quitter, Monſieur, lui répondîmes-nous ? Y a-t-il ici quelqu'un qui approuve la perfidie qui vous fait horreur ? C'eſt au lâche qui l'a pû concevoir à ſe ſéparer de nous ; qu'il aille chercher des complices ailleurs. Nous déliberâmes auſſitôt ſur le traitement que nous ferions à ce miſérable, & il fut décidé que nous le mettrions à terre ſans differer ; nous jurâmes même qu'aucun de nous dans la ſuite ne le laiſſeroit recevoir ſur un Vaiſſeau de Flibuſtiers. Nous cinglâmes ſur le champ vers la Cuba, & quatre hommes l'ayant deſcendu dans la Chaloupe, le menerent ſur la côte, préciſément au Cap de la Croix, où il demeura armé ſeulement de ſon ſabre,

& ſans autres proviſions de bouche que celles qu'il avoit encore dans l'eſtomac.

Les Eſpagnols bien loin de ſoupçonner pourquoi nous en uſions ainſi avec un de nos Camarades, intercederent fortement pour lui. Ils eurent beau nous preſſer de leur apprendre ce qu'il avoit fait. Ils n'en furent inſtruits qu'à la vûë de leur Port par Montauban lui-même qui en fit confidence au Capitaine en le quittant, n'ayant pas jugé à propos de le lui dire auparavant de peur de lui cauſer de l'inquiétude. Les Eſpagnols à qui leur Capitaine revela ce ſecret, nous firent des préſens beaucoup plus conſidérables que ce que nous aurions pû exiger d'eux, & furent ſi contens de notre procedé à l'égard du traître Flibuſtier, qu'ils répandirent le bruit de cette action dans toutes les Iſles avec des éloges infinis, comme ſi l'honnête homme en faiſant ſon devoir méritoit des loüanges.

Nous continuâmes deux mois encore à croïſer ſur cette Mer. Nous eûmes pendant tout ce tems-là bien des momens de loiſir, que nous avions coutume d'employer à nous réjoüir, tantôt à joüer ou à boire de l'eau de vie, & tantôt à entendre raconter à Montauban ce qu'il ſçavoit de l'hiſtoire de la Flibuſte pendant la derniere guerre. Les récits qu'il nous en faiſoit nous enchantoïent. Nous prenions, entre autres choſes, un grand plaiſir aux détails des combats où il s'étoit trouvé, & dans leſquels il avoit fait des prodiges de valeur. Meſſieurs, nous diſoit-il un jour, tandis que je me ſuis vû à la tête de braves Flibuſtiers tels que vous, je puis vous aſſurer qu'il ne s'eſt point paſſé d'année, que je n'aye vû renouveller presque tout mon monde. Ce qui ne doit pas vous surprendre, puisqu'il y a deux à parier contre un, qu'un Flibustier ne fait jamais trois campagnes complettes.

Ainsi, mes amis, poursuivit-il, je vous conseille de vous borner, à mon exemple, & de vous retirer dès que vous aurez gagné quelque chose. Quand il me rappelle tous les périls ausquels je me suis exposé, je me regarde comme un homme unique en mon espece, d'avoir eu le bonheur de conserver jusqu'ici ma vie. Vous me blâmerez peut-être après ce que je viens de dire, d'avoir fait cette nouvelle entreprise avec vous; mais M. de Choiseuil a sur moi un pouvoir absolu. Il a souhaité que je lui donnasse cette marque de ma considération pour lui; je n'ai pû la lui refuser. Ce n'est certainement pas l'avarice qui m'a fait quitter les plaiſirs & les douceurs dont je joüiſſois dans ma paiſible retraite. C'eſt encore moins pour rendre mon nom plus fameux, que je viens affronter de nouveau les hazards attachez à nos campagnes ; elles ſont comme les mariages ; il ſuffit d'en courir une fois les riſques. Si l'on eſt aſſez heureux pour enterrer une femme, deux femmes, on fait toujours une veuve de la troiſiéme. Je rapporte ce diſcours de Montauban, pour faire obſerver au Lecteur, que nous preſſentons quelquefois les malheurs qui doivent nous arriver.

Nous rencontrâmes peu de tems après deux Vaiſſeaux Anglois, l'un de vingt-quatre, & l'autre de trente-ſix pieces de canon. Il y avoit de la témérité, ou pour mieux dire de la folie à l'attaquer. Néanmoins l'attaque fut unanimement résoluë, rien ne nous paroissant devoir tenir contre l'expérience & l'habileté de notre chef, qui de son côté oubliant les choses sensées qu'il nous avoit dites pour nous dégoûter des combats, fut celui qui témoigna le plus d'impatience d'en venir aux mains. Les Anglois nous virent prendre ce parti sans s'émouvoir, & nous firent éprouver qu'ils sçavoient bien ce que c'étoit que d'avoir affaire à des Flibustiers. Nous nous en apperçûmes à leur manœuvre, & au soin qu'ils prenoient de rendre l'abordage très-difficile en mettant les boute-dehors,* dont ils étoient pourvûs. Ajoûtez à cela que leurs deux Vaisseaux s'entendoient aussi-bien que si le mê-

* Ce sont de longues pieces de bois, des bouts de masts, par exemple, posées de travers sur les ponts d'un Navire, & qui s'avançant en saillies des deux côtez, empêchent qu'un autre Bâtiment n'en approche.

me Capitaine les eût commandez : Quand nous faisions nos efforts pour en aborder un, l'autre nous lâchoit sa bordée. Leur mousqueterie nous incommodoit aussi ; & elle étoit si superieure à la nôtre, qu'ils tiroient trois cens coups de fusil contre nous cinquante.

Notre chef voyant bien alors que nous avions fait une sottise en nous engageant dans ce combat, redoubloit de courage pour surmonter tous les obstacles qui nous empêchoient d'en sortir victorieux. Il écumoit de rage, & sentant bien qu'il en étoit à sa troisiéme femme, il nous auroit tous laissé périr, si par bonheur pour nous il n'eut été tué d'un boulet de canon, après une grosse demie-heure de combat. Je fus aussi-tôt élû Capitaine, non pour continuer à batailler si désagréablement pour nous ; mais pour ſauver le reſte de notre monde, qui étoit réduit à une cinquantaine d'hommes, la plûpart bleſſez & hors d'état de ſe défendre.

Voilà de quelle maniere la dignité de Capitaine me fut déferée pour la premiere fois, avec condition expreſſe que mon premier ordre ſeroit de faire retraite, & que mon autorité ſe borneroit à reconduire au petit Goave notre Vaiſſeau tout délabré, vingt-cinq eſtropiez, & même nombre de gens qui n'avoient reçû que de légeres bleſſures, ou qui n'étoient nullement bleſſez.

Quand le Capitaine d'un Vaiſſeau Flibuſtier a été tué, l'équipage en porte le deüil de la façon ſuivante: On amene la flamme à mi-maſt, ainſi que le pavillon, qui par ce moyen traîne triſtement dans la Mer. On dépoüille le Bâtiment de ſes parois & banderolles, la manœuvre s'y fait dans un grand ſilence & très-lentement, & l'on tire un coup de canon de demie-heure en demie-heure. C'eſt ce qui aprit à M. de Choiſeuil la mort du malheureux Montauban, avant que nous arrivaſſions dans le Port. Ce Gouverneur, je dois rendre ce témoignage à la verité, pleura ce brave homme à chaudes larmes. Il ne pouvoit ſe conſoler de l'avoir tiré de ſa ſolitude pour lui faire faire cette campagne funeſte. Il fut auſſi fort touché de notre malheur.

Il me ſemble que je ne dois pas oublier ici de parler d'un uſage qui eſt parmi les Flibuſtiers. Quand ils ont perdu leur Capitaine dans un combat, on vend le Vaiſſeau, & tout ce qu'il y a dedans, avec les armes même, pour faire prendre ſoin des bleſſez, & payer ce qui eſt aſſigné à chacun pour ſes bleſſures. Voici le réglement qu'il y a là-dessus : On donne deux mille livres à un Flibustier pour la perte d'un bras, d'une jambe, d'un œil, d'une oreille, du nez, d'un pouce, ou d'un petit doigt ; & si quelqu'un demeure estropié de ses blessures, de droit il est reçû sur le premier Vaisseau de Flibuste, où quoiqu'il soit inutile, il partage avec les autres également.

Fin du premier Livre.

LES AVANTURES DU CHEVALIER DE BEAUCHÊNE.

LIVRE SECOND.

Le Chevalier de Beauchêne refuse de remplir l'emploi de Capitaine. Il se remet en Mer avec soixante-quinze Flibustiers. Ils rencontrent quatre Vaisseaux Anglois qui les maltraitent. Le Chevalier va joindre à Saint-Domingue quelques Flibustiers François. Avanture Galante d'un Rochelois de ses Camarades. Ils vont croiser sur les côtes de Carak, & prennent avec un Bâtiment de huit pieces de canon deux Vaisseaux Anglois, l'un de vingt-quatre, & l'autre de trente-six pieces. Ils retournent à Saint-Domingue où ils partagent leurs prises, & font toutes sortes de débauches. Ils se remettent en Mer. Histoire d'un Flibustier Philosophe. Ils attaquent un Vaisseau de quarante-six pieces, & de trois cens hommes d'équipage, & le prennent après un rude combat; mais ils n'ont pas fait cette prise qu'elle leur est enlevée par un Navire Anglois Garde-côte, de cinquante-quatre, & une Frégate de trente-six piéces, qui les font prisonniers. On les envoye d'abord à la Jamaïque, & de-là dans les Prisons de Kinselt en Ir-

lande. Détail des maux qu'on leur fait souffrir. Ils meurent tous excepté le Chevalier, qui trouve moyen de se sauver. Il va à Corke où il a le bonheur de trouver une veuve qui par générosité lui rend service, & qui engage un Capitaine Anglois à le mettre à terre à l'Espagnola, d'où il va au petit Goave. Là M. de Choiseuil lui donne un Vaisseau, & 90. hommes, avec lesquels il a l'audace d'aller croiser à la vûë des Ports de la Jamaïque, pour se venger sur les premiers Anglois des cruautez exercées en Irlande sur ses Camarades & sur lui. Il prend un Vaisseau Anglois dont il traite cruellement l'équipage. Il a un démêlé avec le Gouverneur & les Bourgeois de la Ville de Canarie. Il attaque un autre Vaisseau Anglois, où il trouve deux prisonniers François, dont l'un est de sa connoissance.

MONSIEUR

Monsieur de Choiſeuil après avoir fort regreté Montauban, nous offrit un autre Vaiſſeau, nommé la Sainte Roſe, qui avoit été pris ſur les Eſpagnols par les Hollandois, & depuis peu repris ſur ceux-ci par les François. Nous acceptâmes l'offre; mais il en falloit former l'équipage, ce qui demandoit deux ou trois mois. Au bout de ce tems-là, nous nous trouvâmes ſoixante-quinze hommes de bonne volonté, & nous mîmes auſſi-tôt à la voile.

Toute le monde m'exhortoit à garder la place de Capitaine, qui m'avoit été donnée après la mort de Montauban. Je la refuſai, ne me ſentant pas encore aſſez d'expérience pour me bien acquitter d'un pareil emploi, & l'on choiſit ſur mon refus un Canadien de Quebec, appellé Minet, bon homme de Mer, & auſſi prudent que courageux.

A la hauteur de la partie orientale de la Cuba, dont nous commençions à découvrir les côtes, nous aperçûmes un Brigantin de quatorze pieces de canon. Nous le chaſsâmes long-tems, quoique la Mer fût groſſe. S'il y avoit pour lui du danger à ne pas amener ſes voiles, il n'y en avoit pas moins à nous attendre. Auſſi les mit-il toutes dehors. Cependant nous nous en aprochions, & nous n'en étions plus guére qu'à la portée du canon, lorſqu'un coup de vent des plus furieux lui fit faire capot à nos yeux. Tout ſon équipage périt à la réſerve de trois perſonnes qui aimerent mieux encore tomber entre nos mains qu'entre celles de la mort.

Nous fûmes ſi piquez de nous voir enlever cette proye, que nous apoſtrophâmes le ſort dans les termes de la Flibuſte les plus énergiques. Nous aurions, je crois, dans notre mauvaiſe humeur laiſſé noyer ces trois miſérables ſans daigner les ſecourir, ſi nous n'euſſions pas eu la curioſité d'apprendre toute la perte que nous venions de faire. Nous les ſauvâmes donc dans cette intention, & l'on peut juger quel fut notre déſeſpoir, quand ils nous dirent que leur Capitaine étoit le fameux Charles Gandi, mulâtre de la Jamaïque, qui venoit de faire la traite ſur les côtes de Carak avec cent mille Piaſtres ſur le compte d'un Traitant. La perte de ce brave Capitaine en étoit une plus grande pour les Anglois, que celle de tout cet argent.

Nous paſſâmes après cela trois ou quatre mois ſans rien rencontrer qu'une groſſe Barque de Pêcheurs que nous prîmes. Nous demandâmes au Patron des nouvelles de Paneſton, Ville de la Jamaïque. Il nous dit qu'il n'en ſçavoit point, quoiqu'il y fît dans l'année pluſieurs voyages. C'étoit un homme de quarante-cinq à cinquante ans, lequel avec trois de ſes enfans & deux valets, y portoit quelquefois du poiſſon ſec. Nous étions las d'attendre vainement l'occaſion de faire quelque bonne priſe. Il vint en penſée à notre Capitaine de ſe ſervir de ces gens-ci pour ſçavoir s'il y auroit quelque choſe à faire. Il retint les trois fils du Pêcheur, & donnant au pere ſix de nos plus forts Boüais, appellez Mouſſes, ſur les Vaiſſeaux de Guerre ; il l'obligea d'aller à Paneſton, en l'aſſurant que la vie de ſes enfans dépendoit de ſa conduite, qu'il n'avoit qu'à ſe charger de poiſſon ſec, entrer dans le Port à ſon ordinaire, & s'informer adroitement s'il ne partoit point quelque Bâtiment, ou si l'on n'en attendoit pas dans peu. Vous n'avez, ajoûta Minet, qu'à exécuter de point en point ce que je vous dis, & quand vous viendrez me rendre compte de votre commission, je vous remettrai vos fils entre les mains. Mais prenez-y garde ; si vous vous avisez de nous faire la moindre trahison, nous les pendrons en votre présence à notre beaupré.

Le Pêcheur étoit bon pere, il fit à merveille ce qu'on exigeoit de lui. Il est vrai qu'outre la menace qui lui avoit été faite, deux de nos Boüais, armez de poignards & de pistolets, avoient un ordre secret de le bien observer & de le tuer, s'il faisoit quelque démarche suspecte. Ils nous rapporterent que cinq Vaisseaux Anglois, le plus gros de vingt-quatre pieces, & les autres de la moitié moins, se préparoient à mettre à la voile pour la nouvelle Angleterre, & qu'ils ſortiroient du Port inceſſamment. Nous ne les attendîmes en effet que huit jours; le neuviéme, nous les apperçûmes, & nous remarquâmes qu'il y en avoit un qui étoit au vent, & fort éloigné des autres.

Notre Capitaine nous propoſa d'abord d'attaquer celui-là, diſant que nous en étant rendus maîtres, nous nous en ſervirions contre les quatre qui l'accompagnoient; c'étoit le parti le plus prudent. Mais nous ne voulûmes pas le prendre. Nous craignions que les quatre Bâtimens qui étoient enſemble ne nous échappaſſent, tandis que nous pourſuivrions celui qui alloit tout ſeul. D'ailleurs, les premiers étoient plus à notre portée, & les mains, comme on dit, nous démangeoient. Le Capitaine eut beau nous remontrer que l'ardeur de combattre, qui le plus souvent est indiscrete dans les Flibustiers, les empêche de peser toutes les circonstances, & leur attire ordinairement les malheurs qui leur arrivent. En un mot, il eut beau nous parler raison, personne ne fut de son avis. Enfin, quand il vit que nous demandions tous qu'il nous conduisit aux quatre Vaisseaux : Messieurs, nous dit-il, je vais vous y mener, quoique ce soit plus donner à votre courage qu'à la prudence. Vous brulez d'impatience d'aller au feu, vous en verrez un dont je ne vous promets pas de vous tirer.

Quoique les Anglois jugeassent bien que nous nous disposions à les attaquer, ils continuoient leur route aussi tranquillement que s'ils ne nous eussent point apperçus. Il ne sembloit pas qu'ils songeassent à nous, & toutefois ils prenoient des meſures pour nous faire repentir de notre audace. Ils ſçavoient que ſuivant notre coutume, nous ne manquerions pas de tenter l'abordage. Ils s'y préparerent, & quand nous fûmes à la portée du canon, leur plus groſſe Frégate s'y préſenta comme d'elle-même. Nous l'accrochâmes auſſi-tôt, & ſautâmes bien vîte ſur ſon pont. C'étoit juſtement ce qu'ils demandoient. Nous trouvâmes leur équipage ſi bien retranché entre les deux ponts, qu'il nous fut impoſſible de l'y forcer.

Ils avoient outre cela pris la précaution de ſcier la barre de leur gouvernail, de ſorte que ne pouvant manœuvrer, nous demeurâmes-là une demie-heure expoſez à toute leur mouſqueterie, occupez, les uns à briſer à coups de haches le retranchement qu'ils avoient fait, & les autres à répondre par un feu très-inférieur à celui que faiſoient ſur nous les trois autres Vaiſſeaux, qui paſſant de tems en tems à nos côtez, nous tiroient des bordées chargées à mitrailles, qui nous tuoient autant de monde que s'ils nous avoient choiſis à leur gré. Nous fûmes contraints de repaſſer ſur notre bord, de couper nos grapins, & de nous retirer en hiſſant notre voile de fortune. * Nous étions dans un ſi mauvais état, qu'à peine nous trouvâmes-nous quinze capables de manœuvrer. Les Flibuſtiers ſont des gens ſi terribles pour des Vaiſſeaux Marchands, que tout maltraitez que nous étions, nous ne laiſſâmes pas de tenir nos ennemis en reſpect. Ils ſembloient craindre encore qu'il ne nous prit envie de retourner à la charge, & rendoient

* Voile de réſerve dont on ſe ſert quand les autres ne peuvent plus ſervir.

graces au Ciel de ſe voir débaraſſez de nous ; au lieu que s'ils nous avoient ſuivis, & qu'un ſeul de leurs Navires nous eut harcelez un quart-d'heure, nous aurions été obligez de nous rendre à diſcrétion.

Ce ſecond échec nous mit ſi bas, que M. de Choiſeuil perdit toute eſperance de nous relever. Le Vaiſſeau fut encore vendu pour les bleſſez, du nombre deſquels j'avois le bonheur de n'être pas. Nos malheurs conſécutifs ne donnoient envie à perſonne de s'aſſocier avec nous, & nous étions forcez de nous repoſer en attendant qu'il vint quelque Vaiſſeau Flibuſtier relâcher au petit Goave. C'étoit une neceſſité bien triſte pour un homme auſſi peu patient que moi. J'y étois néanmoins réſolu de même que mes confreres, lorſque pluſieurs Flibuſtiers François qui étoient à Saint Domingue, m'écrivirent que si j'étois d'humeur à les aller trouver, ils me feroient donner un Vaisseau de huit pieces de canon, dont le Gouverneur de la Place, Espagnol affable & généreux, avoit promis de leur faire présent, quand il les verroit en nombre suffisant pour se mettre en Mer. Je ne pouvois recevoir de nouvelle plus agréable. J'en fis part à mes camarades; mais il n'y en eut que quatre qui voulurent me suivre, quoiqu'il s'en trouvât dix-huit ou vingt en état de servir.

Ceux-ci nous dirent pour leurs raisons que tous les François qui s'étoient ainsi fiez aux Espagnols, s'en étoient repentis tôt ou tard. Nous nous mocquâmes de leur défiance, & eux de notre sécurité. Nous nous entrepréchâmes de part & d'autre, & nos discours ne furent pas moins infructueux que les Sermons qui se font à la

Cour contre la flatterie & la dissimulation. Je fis donc bande à part avec les quatre Flibustiers qui étoient dans la même disposition que moi, & nous nous préparâmes à partir tous cinq au travers des terres.

La veille de notre départ nous en avertîmes notre hôte, afin qu'il nous enseignât la route que nous devions tenir, & qu'il prit en même tems de nous des billets de ce que nous lui pouvions devoir; car dans ces lieux-là, tout Flibustier trouvoit alors crédit. On lui prêtoit volontiers tout ce qu'il vouloit, & ces sortes de dettes étoient payées préférablement à toute autre sur la premiere prise qui se faisoit, le débiteur même ayant été tué. Un jeune pensionnaire de notre Auberge nous demanda le soir si nous aurions pour agréable qu'il se joignit à nous avec un de ses amis qui venoit d'arriver d'une riche Habitation qu'avoient ſes parens à quelques lieuës de là. Nous avons deſſein tous deux, ajoûta-t-il, de nous rendre à la Ville Eſpagnole, & pour faire ce voyage ſans aucun riſque, nous nous adreſſons à de braves gens comme vous, pour vous prier de nous ſouffrir en votre compagnie.

Outre qu'il capta notre bienveillance par ſon compliment, il s'offrit à nous défrayer ſur la route, & même à prendre des guides à ſes frais &. dépens. C'étoit le moyen d'obtenir notre conſentement. Nous ne pûmes le lui refuſer. Comme il nous marqua qu'il ſouhaitoient lui & ſon ami de partir ſecretement,& que nous avions nous autres la même intention pour éluder les inſtances que M. de Choiſeuil nous auroit pû faire pour nous retenir, nous convînmes avec le jeune homme que nous partirions après le ſoupé la nuit ſuivante.

Notre hôte nous dit en particulier qu'il ne connoiſſoit pas ſon penſionnaire ; mais que ſon ami étoit Creole, un enfant de famille qui avoit été élevé à Paris, d'où il n'étoit de retour que depuis deux mois ; qu'il étoit ſur le point d'épouſer une Demoiſelle très-riche, & que cependant ce jeune homme paroiſſoit avoir pour elle moins d'amour que d'averſion. Nous vîmes arriver le Creole le lendemain. Il étoit monté ſur un bon cheval, & il avoit en croupe une groſſe valiſe pleine de tout ce qu'il avoit pû emporter d'argent, & de bijoux à ſes parens. Il eut aſſez de peine à trouver un ſecond cheval pour ſon ami, ce qui retarda notre départ juſqu'à minuit.

A peine étions-nous hors de l'Auberge, que nous nous vîmes

dans un nouvel embarras. Le pensionnaire ami du Créole, étoit très-mauvais Ecuyer. Il chanceloit à chaque pas sur sa selle ; si bien qu'il fallut que l'un de nous montât sur son cheval pour l'y prendre en croupe. Ce qui joint à son air fluet & délicat, nous fit soupçonner deslors ce que nous découvrîmes peu de jours après. Pour ne pas crever son cheval qui n'étoit pas des plus forts, on choisit le garçon le plus léger d'entre nous, pour lui rendre ce gracieux service qui portoit avec lui sa récompense. C'étoit un Rochelois alerte & mince, que nous appellions *Tout-en-muscles*, à cause qu'il étoit très-fort, quoiqu'il n'eût pas cinq pieds de haut. Il avoit l'esprit fin & rusé. Il perça le mystere dès le premier jour, & sans nous faire part de sa découverte, il voulut en profiter. Les chaleurs nous obligeoient à marcher plutôt la nuit que le jour. Ce qui favorisoit l'entreprise de notre Camarade. Le maraud dispároissoit de tems en tems comme un homme qui s'égare, & revenoit nous joindre un quart-d'heure après. Ces petites abscences furent remarquées, & l'ami du Créole nous parut une fille déguisée. Il ne nous fut plus permis d'en douter, lorsqu'un matin nous nous apperçûmes qu'elle étoit partie la nuit avec le Rochelois, les deux chevaux & la valise. Ce qu'elle voulut bien nous apprendre par un billet qu'elle nous laissa pour son amant, & dont voici les paroles :

J'ai fait réflexion, Monsieur, qu'étant mineur vous ne pouviez en conscience m'épouser malgré vos parens. Je crois aussi que vous devez être las de voyager avec moi. Je vais donc pour vous faire plaisir prendre un autre guide. Je le dois, quand ce ne seroit que pour vous rendre à une famille qui vous pleure présentement, & à la Demoiselle qui vous est destinée pour épouse. Adieu, Monsieur, ne songez point à me chercher, je suis égarée tout de bon.

Ce billet nous fit bien rire. Les uns disoient que cette nouvelle fiancée du Roi de Garbe avoit apparemment trouvé que Monsieur *Tout-en-muscles* lui convenoit mieux que son petit Créole. C'est le Rochelois, disoient les autres, qui sans doute a exigé d'elle cette lettre, afin qu'elle eut tout l'honneur de cette action, se faisant un scrupule de mettre sur son propre compte le soin généreux d'avoir obligé une famille qu'il ne connoissoit point. Enfin chacun donnoit son lardon à la pélerine. Cependant nos ris firent bientôt place à des mouvemens de pitié, dont il ne nous fut pas possible de nous défendre.

Le jeune homme à qui ce billet étoit adressé, n'en eut pas sitôt fait la lecture, qu'il demeura immobile d'étonnement; puis tout à coup passant de cet état à la fureur, il fit éclater un désespoir qui nous toucha. Il se seroit tué de sa propre main, si nous ne l'en eussions pas empêché. Il nous disoit ensuite qu'il nous suivroit à pied pour rejoindre son infidelle, & l'accabler de reproches. Aprés cela cedant au foible qu'il avoit pour cette créature, il fondoit en pleurs, & sanglotoit avec tant de violence, qu'il nous attendrissoit tout Flibustiers que nous étions.

Cette scene comique & sérieuse en même-tems, se passa dans une Habitation où nous séjournâmes. Nous y employâmes un jour entier à le consoler, & à l'exhorter à retourner chez ses parens. Nous affoiblîmes peu à peu sa douleur en la combattant, & il ſe rendit inſenſiblement à la force de nos raiſons. Nous lui demandâmes dans quel endroit du monde il avoit fait connoiſſance avec une ingrate qui ne méritoit pas ſes larmes. Pour ſatisfaire notre curioſité, il nous conta, non ſans pouſſer de tems en tems des ſoupirs, que c'étoit une fille de Paris : Qu'il avoit aimé la perfide dès le premier inſtant qu'il l'avoit vûë à Paris, où elle étoit ſoudoyée par un Maltotier : Qu'il s'étoit attaché à elle, & qu'après avoir dépenſé des ſommes immenſes pour la ſouffler à l'homme d'affaires, il en étoit venu à bout. Il ne m'en a pas moins couté, ajoûta-t-il, pour la déterminer à me ſuivre en ce pays-ci ; & pour achever mon hiſtoire, je n'allois avec cette volage à la Ville Eſpagnolle que pour l'y épouſer, en dépit de mes parens qui me deſtinent une autre perſonne.

Quand nous vîmes le Créole diſpoſé à s'en retourner chez lui, nous joignîmes ce que nous avions d'argent tous quatre à ce qui lui en reſtoit dans ſes poches, pour engager deux guides, l'un à le conduire à petites journées, & l'autre à prendre les devans pour avertir ſa famille de lui envoyer un cheval. En faiſant une action ſi généreuſe, nous ne ſongions pas que c'étoit nous couper le nez pour ſauver celui d'autrui; comme en effet, faute d'argent, nous fûmes obligez de faire des repas de S. Antoine durant tout le reſte de notre route.

En arrivant à Saint Domingue, nous vîmes venir au-devant de nous pluſieurs Flibuſtiers François, qui nous parurent bien-aiſes de notre arrivée. Le Rochelois étoit parmi eux. Dès qu'il put nous parler en particulier, il nous avoüa ce que nous ſçavions, ſans nous apprendre ce que la Pariſienne étoit devenuë, nous priant au ſurplus de lui garder le ſecret. Ce que nous fîmes, quoiqu'il ne le méritât point. Il avoit effectivement raiſon de craindre qu'on ne ſçût ſon avanture. On auroit bien pû lui pardonner le raviſſement de cette Helene; mais la valiſe emportée avoit un air de vol qui eut fait tort à ſa réputation.

Le Gouverneur de Saint Domingue qui nous avoit attendu avec impatience, nous honora d'une réception gracieuſe, & moi particulierement. Il me donna vingt braves Eſpagnols à commander, avec ſoixante François qu'il avoit aſſemblez. Pour répondre à l'eſtime qu'il me témoignoit, j'uſai de tant de diligence que nous appareillâmes & mîmes à la voile en moins de quinze jours.

Je reviens à notre Rochelois : Je fus fort étonné de voir avec lui sur notre bord sa Parisienne qu'il faisoit passer pour son jeune frere à qui, disoit-il, il vouloit apprendre le métier de bonne heure. Le pauvre Flibustier y fut pris comme le Créole, il devint éperduëment amoureux de cette fille, à qui toute la journée il montroit à faire des armes, quoique nous lui conseillassions en particuliculier de la laisser à la demie-part en qualité de Boüais ou de garçon Chirurgien. Ce conseil n'étoit pas de son goût. Car il en étoit si jaloux, qu'il falloit qu'elle fut toujours à ses côtez. Il souffroit cruellement, lorsqu'il la voyoit parler à quelqu'un, & surtout à ceux qui comme moi étoient de sa confidence malgré lui. Sa jalousie lui faisoit passer bien de mauvais momens. Un jour pendant qu'il joüoit, s'étant apperçû que ſon jeune frere n'étoit pas devant ſes yeux, il parut extraordinairement troublé. Depuis ce tems-là il ne joüa plus. Il eſt vrai qu'il nous arriva huit jours après une avanture qui le guérit radicalement de la paſſion qu'il avoit pour le jeu, ainſi que de ſa jalouſie.

En croiſant ſur les côtes de Carak, nous rencontrâme un Vaiſſeau de vingt-quatre pieces que nous regardâmes d'abord comme un bien à nous appartenant, attendu qu'il ne pouvoit nous échaper par le calme qui regnoit alors ſur la Mer. Nous le joignîmes bientôt à force de rames, & l'ayant accroché, nous l'obligeâmes d'amener en moins d'un quart-d'heure, ſans avoir perdu que ſix des nôtres, du nombre deſquels fut l'amoureux *Tout-en-muſcles* par ſa faute. A l'abordage, il ſauta avec nous ſur le pont du Navire Anglois ; ſa maîtreſſe emportée par la preſſe, ſe trouva comme forcée d'en faire autant, & n'étant pas accoutumée à cette ſorte d'eſcalade, elle tomba dans la Mer. L'amant la voyant qui ſe noyoit s'empreſſa d'aller à ſon ſecours ; mais un des nôtres l'arrêtant, le menaça de lui caſſer la tête, s'il ſe retiroit. * Le Rochelois entraîné par l'excès de ſon amour, mépriſa la menace, & reçut à l'inſtant un coup de fuſil dans la tête. Ainſi périt ce malheureux pour s'être abandonné à une paſſion qui convient encore moins à un Flibuſtier qu'à un autre homme.

Nous fûmes très-contens de notre entrepriſe. Je mis ſur le Navire Anglois une vingtaine des miens, & dans mon fond de cale la plûpart des priſonniers. Nous conduiſions notre capture com-

* Dans l'action, le moindre Boüais a droit de tuer tout Flibuſtier qui recule d'un pas.

me

me en triomphe, quand nous découvrîmes un autre Vaiſſeau, qui profitant d'un petit vent qui venoit de ſe lever, faiſoit force de voiles pour venir à nous. Nos priſonniers nous avoient dit qu'ils faiſoient route avec un autre Navire de trente-ſix pieces de canon dont ils n'avoient été ſéparez que depuis deux jours par le gros tems. Je ne doutai point que ce Bâtiment ne fut celui dont ils nous avoient parlé. Et ce qui s'accordoit fort avec ma conjecture, c'eſt qu'il me ſembloit que ce Vaiſſeau cherchoit à rejoindre l'autre. Je fis donc amener toutes mes voiles, parce que notre figure qui étoit particuliere nous auroit trop tôt fait reconnoître. J'arborai auſſi pavillon Anglois, & de peur que nos priſonniers ne ſe revoltaſſent pendant le combat, nous les mîmes tous aux fers. Outre cela, je faiſois route vers la Jamaïque très-doucement ; & les Anglois trompez encore par l'habillement des leurs qu'ils appercevoient ſur le Vaiſſeau que nous avions pris, vinrent juſqu'à la portée du canon ſans reconnoître leur erreur.

Alors faiſant hiſſer toutes nos voiles à la fois, & mettant pavillon de France ſur nos deux Vaiſſeaux, nous allâmes ſi bruſquement au leur, que nous l'accrochâmes, & montâmes à l'abordage, avant qu'ils connuſſent bien à quels gens ils avoient affaire. En récompenſe, ſi-tôt qu'ils le ſçûrent, ils firent des efforts incroyables pour nous repouſſer. Ils étoient forts d'équipage. Par conſéquent ils nous tuérent bien du monde. Ils nous auroient même fait déborder peut-être malgré tout notre courage, ſi nos Camarades, qui étoient ſur le Bâtiment pris, n'euſſent auſſi jetté leurs grapins & sauté sur le gaillard, après avoir lâché deux ou trois bordées de canon. Les Anglois attaquez de l'un & de l'autre côté ne tinrent plus guere, & furent obligez d'amener, quoiqu'ils fussent encore pour le moins trois contre un.

Nous ne laissâmes pas d'avoir dans cette occasion vingt-huit personnes de tuées ou blessées. Lorsque nous arrivâmes à Saint Domingue, nous allâmes rendre compte de notre campagne au Gouverneur, qui fut extrêmement surpris d'apprendre ce que nous avions fait : Il ne pouvoit concevoir comment cinquante personnes avoient été capables d'en enchaîner deux cens, & d'enlever avec huit pieces de canon deux Vaisseaux, l'un de vingt-quatre, & l'autre de trente-six. Pour le profit qui nous revint de ces deux prises, il étoit si considérable; qu'indépendamment de ce qui avoit été de nature à être partagé manuellement entre nous, comme cela se pratique; je me souviens que l'Amirauté pour ses droits sur le reste, tira près de cinquante mille écus.

On va croire sans doute qu'après avoir fait deux si beaux coups de filet, cinquante Flibustiers vont devenir cinquante bons Bourgeois qui vivront heureux & tranquiles. Pardonnez-moi: Ce ne sont pas là leurs maximes. Nous passâmes six ou sept mois à faire dans Saint Domingue ce que feroient cinquante Mousquetaires parmi la Bourgeoisie d'une Ville renduë à discrétion. Jeux, bals, cadeaux, querelles, tapages, nous n'avions pas d'autres occupations. Quand un Espagnol trouvoit mauvais que nous donnassions une sérénade à sa femme, & qu'il n'avoit pas l'honnêteté de nous ouvrir sa porte, nous montions chez lui par les fenêtres. Il y avoit tous les jours quelque pere ou quelque mari qui portoit ses plaintes au Gouverneur. D'un autre côté, ceux qui n'avoient ni femmes ni filles jolies, & qui trouvoient leur compte dans nos dissipations, s'interessoient & parloient pour nous. Ils se soucioient peu que nous fissions des ravages pendant la nuit, pourvû que le jour ils nous vendissent une piastre ce qui ne valoit pas un escalin.

La licence pourtant fut poussée si loin, que le Gouverneur, après nous avoir inutilement priez d'être plus raisonnables, se vit obligé de nous défendre de porter des armes dans la Ville. Encore eût-il besoin pour en venir-là, qu'un Flibustier fit une insulte à un Officier de sa Maison, lequel avoit le nez d'une longueur excessive. Ton nez me choque, lui dit le Flibustier en le rencontrant, je veux à coups de sabre en ôter ce qu'il y a de trop : Allons, mon ami, l'épée à la main. L'Officier qui étoit Espagnol, défendit son nez en brave homme; mais ne voulant pas être réduit à le conserver de cette façon, il s'en plaignit à son Maître, qui fit publier une Ordonnance par laquelle il étoit enjoint aux Flibustiers de ne porter aucunes armes dans Saint Domingue.

Nous obéïmes, & nous parûmes plusieurs fois en vrais courtauts de boutiques devant le Gouverneur, qui nous remercia d'abord du respect que nous avions pour ses ordres; mais quand il apprit que nous faisions porter nos épées par nos valets, comme avoient fait en pareil cas à la Rochelle, les Canadiens de l'équipage de M. d'Iberville; il fut irrité contre nous. Il ordonna de nouveau qu'aucun Flibustier ne porteroit des armes dans la Ville ; & il ajoûta que si quelqu'un en faisoit porter, il en seroit puni par six mois entiers de prison ; de sorte qu'il nous mit hors d'état de nous batre dans la Ville autrement qu'à coups de poing.

Cette juste séverité du Gouverneur produisit differens effets : Les Bourgeois commencerent à ne plus tant nous craindre, & les femmes à nous aimer davantage : Notre Vaisseau devint le théatre des fêtes galantes, & telle femmes que nous n'avions pû voir qu'en prenant son appartement par assaut, sautoit à son tour par ses fenêtres, plutôt que de manquer au cérémonial de la politesse en ne nous rendant pas nos visites. Pour les Espagnols, irritez de ce que sans en être requis, nous introduisions avec tant de succês la politesse Françoise parmi leurs femmes ; ils se défaisoient à l'Espagnole de ceux de nous autres qui se trouvoient la nuit sous leurs mains. Nous perdîmes de cette gentille maniere quatre ou cinq de nos plus galans Flibustiers, de ceux qui pouvoient passer pour les petits-maîtres de notre Troupe.

Comme nous connoissions les intrigues qui leur avoient été si funestes, nous résolûmes de venger leur mort. Nous ne le pouvions dans la Ville sans une révolte ouverte, & nous étions en trop petit nombre pour oser nous révolter. Nous jugeâmes qu'il falloit attirer sur notre bord les jaloux que nous soupçonnions d'avoir assassiné nos Camarades. Pour mieux tromper ces assassins, nous cessâmes de nous plaindre du malheur de nos Confreres, nous affectâmes de paroître tranquilles. Nous disions même haurement que ceux d'entre nous qui faiſoient du bruit dans la Ville contre les ordres de M. le Gouverneur, ſe rendoient bien dignes des accidens qui leur arrivoient. Sur de ſemblables diſcours, les Bourgeois nous crurent plus timides & moins terribles que nous n'étions. Ils s'imaginerent même que nous voyant réduits au nombre de trente-cinq François, nous jugions plus à propos de filer doux, que de faire les méchans. Ils étoient encore dans une autre erreur. Ils penſoient que les Flibuſtiers Eſpagnols ne s'entendoient point avec nous; & toutefois ce furent ceux-ci qui nous livrerent quatre des maris que nous regardions comme des Flibuſticides; & voici de quel ſtratagême ils ſe ſervirent pour nous les amener ſur un des Vaiſſeaux Anglois que nous avions pris: Ils leur propoſerent de les y conduire vers la nuit en leur disant que nous leur vendrions à bon compte une partie des bijoux dont nous avions dessein de nous défaire sécretement pour frauder l'Amirauté.

Ces Bourgeois qui ne demandoient pas mieux que de gagner avec nous, donnerent facilement dans le piége, & quand nous les eûmes en notre pouvoir, nous prîmes un air rebarbatif. Nous les interrogeâmes juridiquement sur les meurtres commis dans leurs Quartiers, & qu'on leur imputoit. Ce fut envain qu'ils protesterent de leur innocence, ils avoient affaire à des Juges qui les avoient condamnez avant que de les entendre. Il ne s'agissoit plus entre nous que de convenir du supplice que nous leur ferions souffrir, lorsque reconnoissant parmi eux un petit homme mutin qui avoit une très-belle femme qu'il avoit toujours eu l'adresse de nous rendre innaccessible : Par ma foi, Messieurs, dis-je à mes Camarades, si ces trois patrons-là ont des épouses aussi jolies que celle de celui-ci, je suis d'avis que nous leur fassions grace de la vie, pourvû qu'ils nous les envoyent chercher tout à l'heure ; & je prétends qu'ils fassent la lecture au fond de cale, tandis que nous souperons avec elles.

Une si plaisante idée de vengeance fit rire tout le monde, & sauva les Bourgeois Espagnols, qui sans cela auroient infailliblement passé le pas. On ne songea donc plus à répandre du sang. On raisonna seulement sur l'arrêt que j'avois prononcé, & chacun ayant opiné, il fut résolu, que pour éviter les inconvéniens, nous irions nous-mêmes, munis de bonnes procurations de la main des maris, ſouper chez eux avec leurs femmes à huis clos pour éviter le ſcandale. Nous prîmes un plaiſir infini à voir les différentes grimaces que ces quatre époux faiſoient en écrivant leurs procurations. Les plus jaloux ſurtout nous réjoüirent par les frayeurs mortelles qui étoient peintes ſur leurs viſages. Tout cela pourtant ne fut qu'un jeu : Nous allâmes ſouper à nos Auberges, bornant notre vengeance à retenir les maris pendant la nuit dans le Vaiſſeau, & à leur faire croire que nous ne laiſſerions pas leurs procurations inutiles. Nous avions fait connoiſſance avec tant d'autres Dames, qu'on ne doit point s'étonner ſi nous n'eûmes pas la curioſité d'aller voir celles-là ; qui, lorſqu'elles revirent leurs époux, que nous eûmes ſoin de leur renvoyer le jour ſuivant, n'eurent pas, je croi, peu de peine à leur persuader qu'ils en étoient quittes pour la peur.

Tandis que nous menions à S. Domingue une vie délicieuse, dépensant notre argent aussi vîte que nous l'avions gagné, il nous arriva du petit Goave un renfort de douze Flibustiers François, qui nous arracherent à la molesse. Nous abandonnâmes brusquement les plaisirs pour appareiller, & nous mîmes à la voile avec tant d'ardeur, qu'on eut dit que nous partions pour remporter une nouvelle victoire. On s'endort dans l'iniquité. Nous ne songions pas qu'ayant passé tant de tems dans la débauche, nous courions peut-être au-devant des châtimens que la Justice divine nous préparoit.

Parmi les Flibustiers qui nous étoient venus du petit Goave, il y en avoit un d'un caractere bien nouveau dans cette profession.

C'étoit un parfait Philosophe, un méditatif Malbranchiste, qui n'avoit jamais vû d'épées nuës, & ne connoissoit la poudre à canon que par les expériences qu'il avoit faites sur le ressort de l'air qu'elle contient. Ce qui paroîtra fort singulier, c'est que nous nous accommodions de lui à merveilles, quoiqu'il ne sçût ni se battre, ni joüer, ni jurer, ni boire. Nous l'écoutions tous avec plaisir, surtout lorsqu'il parloit physique, & nous expliquoit la cause des éclipses, des vents, du flux & reflux de la Mer; enfin des effets les plus surprenans de la nature. Ce qu'il faisoit en s'assujétissant le plus qu'il lui étoit possible aux expressions simples & convenables à la portée de ses Auditeurs.

Sa conversation nous réjoüissoit. Je n'oublierai jamais le discours qu'il nous tint la premiere fois qu'il nous raconta par quel hazard il ſe trouvoit avec nous. Il n'y pouvoit penſer ſans faire des exclamations qui nous divertiſſoient. Il ſemble, nous dit il, que je ſois né pour faire connoître au monde toute la bizarrerie du ſort. Après avoir été depuis mon enfance juſqu'à préſent comme enſeveli dans l'étude des Belles-Lettres, me voilà réduit aujourd'hui à courir les Mers, non en curieux Naturaliſte, mais en qualité de Flibuſtier : Quelle étrange métamorphoſe ! Encore n'eſt-elle qu'une ſuite d'un autre caprice de mon étoile dont je ne comprens pas moi-même comme j'ai pû être le joüet. Il s'arrêta dans cet endroit, & parut n'en vouloir pas dire davantage. Nous le priâmes de s'expliquer plus clairement, & nos inſtances furent d'autant plus fortes, que les Flibuſtiers qui l'avoient amené du petit Goave, & qui ſçavoient ſon hiſtoire, rioient à gorge déployée de sa rétiscence. Ce qui nous faisoit penser que ce qu'il nous celoit méritoit bien d'être entendu. Nos prieres ne furent pas superfluës. Il reprit la parole en ces termes.

Vous voyez, Messieurs, que je ne me répands pas volontiers en discours vains, & que je suis assez silentieux. Mais vous ne me connoissez pas encore. C'est dommage qu'on ne puisse ici pratiquer un cabinet éloigné du bruit & du mouvement continuel qui se fait sur votre Vaisseau, vous m'y verriez enfermé des cinq ou six jours de suite, sans sortir & sans dire un seul mot à ceux même qui m'aporteroient à manger. Tel est mon goût. C'est ainsi que j'ai toujours vêcu. Aussi ai-je toujours passé pour un mortel farouche, ennemi des hommes, & encore plus des femmes. Cependant, Messieurs, le pourez-vous croire, je ne me ſuis exilé moi-même dans ce nouveau Monde, que pour en éviter une que j'ai épouſée dans un de ces momens malheureux où le Philoſophe cedant lâchement au concupiſcible, malgré ſa philoſophie, ſe laiſſe attacher au joug de l'Hymenée.

Dans une Ville de France aſſez loin de Paris, je pris pour femme une jeune perſonne des plus aimables, mais en même-tems des plus vives. Je ne fus pas quatre jours ſans m'apércevoir que j'avois fait une ſottiſe, & que je venois d'embraſſer un état qui ne me convenoit nullement. Mon épouſe à force de ſoins & de complaiſances devînt mon bourreau. Elle me ſuivoit ſans ceſſe, m'accabloit de careſſes, & ne m'abandonnoit pas un inſtant à moi-même. Etois-je à lire dans mon cabinet, elle m'y venoit chercher en danſant & en chantant;

elle m'arrachoit le livre que je tenois dans mes mains, & me disoit d'un air folâtre qu'elle valoit mieux que tous les volumes de ma Bibliotheque ; de sorte que pour lire en liberté, j'étois obligé de sortir de la Ville, ou de me retirer chez un ami. Enfin, elle aimoit autant la societé, que j'avois de goût pour l'étude & pour la retraite. Depuis qu'il étoit jour chez Madame, c'étoit jusqu'au soir une compagnie nombreuse. Passe encore si ne trouvant pas mauvais que ma femme vêcut de cette sorte, j'eusse eu de mon côté la liberté de vivre à ma fantaisie ; mais non, elle prétendoit que je suivisse la sienne ; elle vouloit, disoit-elle, me convertir, me façonner, & surtout empêcher que la lecture ne m'incommodât. Comme vous êtes changé, s'écrioit-elle quelquefois ; c'est la lecture qui vous échauffe ;

il faut que je brûle tous ces vilains livres qui vous tuënt à vûë d'œil.

J'avois beau enrager en moi-même & maudire mon mariage, ma folle épouse m'obligeoit à faire par complaisance tout ce qui lui plaisoit. Cependant après quelques mois elle cessa de me tourmenter, & désesperant de changer un Philosophe endurci, elle me laissa lire tout à mon aise, sans s'obstiner davantage à vouloir me faire tenir une autre conduite, & sans songer à réformer la sienne. Au contraire, elle redoubla sa dépense, & fit une si prodigieuse dissipation de mon bien en repas, habits, meubles, jeux & spectacles, qu'en moins de deux ans elle me ruina. Je ne me voyois pour toute ressource qu'une Habitation que mon pere m'avoit laissée en mourant, & qui étoit habitée par un homme qui y avoit quelque part, & qui differant toujours à compter avec moi, ne m'avoit encore envoyé en Europe aucun argent.

Quand je vis donc, il y a cinq ou six mois, qu'il ne me restoit pas dequoi payer le quart de ce que ma femme devoit au Boulanger, au Boucher, au Rotisseur, à la Lingere, &c. je partis sans lui dire adieu, pour m'épargner la peine d'entendre la musique qu'elle m'auroit chantée là dessus; je m'embarquai pour Saint Domingue, dans l'esperance d'y vivre heureux & tranquile, puisque j'y vivrois loin de ma femme. Mais en y arrivant, je trouvai que l'Habitation sur laquelle j'avois compté avoit été venduë, & que le fripon de vendeur n'étoit plus dans le Pays. Cette nouvelle me frappa si vivement, que je pensai me repentir d'avoir quitté mon épouse. C'est tout dire.

On ne parloit alors au petit Goave que des richesses immenses que les François gagnoient à la Ville Espagnole. Je logeois avec plusieurs de ces Messieurs qui m'écoutent. Je leur avois conté mon infortune. Ils me plaignoient, & voyant que je ne sçavois de quel bois faire fléches, ils me proposerent de les suivre. J'acceptai la proposition ; & je m'en aplaudirois, si je ne craignois de paroître un confrere indigne de vous. Car, enfin, je n'ai pas le cœur guerrier ; je le sens bien. Je ne sçaurois entendre un coup de fusil sans trembler.

Ce nouveau Flibustier, s'il faut lui donner ce nom, parce qu'il étoit parmi nous, finit là son histoire. Je pris ensuite la parole, & je lui dis qu'il seroit bien plûtôt aguerri avec des Flibustiers qu'avec sa femme : qu'il n'auroit pas été deux fois au cul d'un gros

Vaiſſeau, exposé à des courſiers de vingt-quatre livres de bale, qu'il ne ſeroit plus épouvanté du bruit d'un coup de fuſil : J'ajoûtai néamoins qu'il ſeroit maître de ſe tenir d'abord à la manœuvre, & de nous voir combattre, ſans ſe mettre de la partie, juſqu'à ce qu'il fut fait aux mouſquetades, & aux coups de canon.

Nous étions plus impatiens que lui de rencontrer quelque Vaiſſeau qui nous donnât occaſion de lui montrer de quelle maniere nous prétendions l'accoutumer au feu. Ce qui pourtant n'arriva que deux mois après. Un matin en doublant la petite Iſle des Tortuës, il ſe préſenta devant nous un Bâtiment Anglois, auquel nous allâmes ſans balancer. Le Capitaine qui le commandoit auroit crû ſe deshonorer en nous évitant. En effet il ne voyoit qu'un petit Vaiſſeau de huit pieces de canon, qu'il ne croyoit pas assez témeraire pour oser en attaquer un de quarante-six pieces, & de trois cens hommes d'équipage. Il ne connoissoit pas encore les Flibustiers. Son Maître & son Contre-maître qui sçavoient quelle sorte de gens nous étions, eurent à ce sujet une prise très-vive avec lui, à ce qu'ils nous dirent eux-mêmes après l'action. Le Maître remarquant que nous nous approchions toûjours d'eux à bon compte, lui conseilla de se préparer au combat. Ne vous inquietez point, lui dit le Capitaine; devez-vous craindre une Chaloupe que je pourrois faire hisser toute entiere sur mon pont. C'est une Chaloupe, si vous le voulez, lui répondit le Maître un peu piqué; mais cette Chaloupe contient une centaine d'hommes que vous allez voir sauter sur votre bord, pour vous épargner la peine de les y hisser, & si vous n'y prenez garde, ils vous culbuteront vous & votre équipage, tout nombreux qu'il est.

Après une assez longue altercation, la prudente sagesse du Maître l'emporta sur la trop grande confiance du Capitaine rodomont. Ils se préparerent un bon retranchement; après quoi, ils nous firent la galanterie de nous attendre, bien résolus d'empêcher l'abordage, ou du moins de faire pour cela tous les efforts dont ils étoient capables. La Mer étoit fort agitée, & leurs premieres bordées de canon nous firent moins de mal, que de peur à notre Philosophe. Mais dans la suite nous fûmes presque entierement desemparez de nos voiles & de nos manœuvres; de sorte que si nous n'eussions pas saisi l'occasion qu'un coup de vent nous offrit de jetter nos grapins d'abordage à leur

Tom. I. pag. 193.

Bonnard del. J.B. Scotin Sculp.

leur poupe, nous allions être totalement rasez. Leur canon leur devint alors inutile, à l'exception de leurs deux coursiers, dont ils ne firent pas même grand usage, parce que je faisois faire feu sans relâche dans leurs sabords. Nous montâmes à la fin sur leur pont, non sans beaucoup de peine à cause des vagues, & en essuyant un feu si terrible de leur mousqueterie, que j'y perdis du moins le tiers de mon monde. Nous ne commençâmes à respirer que quand nous combattîmes avec les armes blanches.

Dans le tems que nous nous battions, nous avec nos sabres, & eux avec leurs épées & des espontons, le hazard voulut que le Capitaine & moi sans nous connoître, nous en vinssions aux mains seul à seul. Nous nous attachâmes l'un à l'autre, & j'avoüerai sincerement que je n'ai jamais eu affaire à un ſi rude joüeur. Rebuté de lui voir parer tous mes coups, je commençois à ne lui en plus porter de fort rudes, & je ſentois que j'allois tomber ſous les ſiens, lorſque tout à coup il eut la cuiſſe caſſée d'un coup de piſtolet. Ne pouvant plus ſe ſoutenir, il meſura la terre de ſon corps, ou plûtôt le pont, & ſa chûte un inſtant après fut ſuivie de la mienne, tant j'étois affoibli par les coups de feu que j'avois reçus, & par le ſang que j'avois perdu. Cependant mes Camarades preſſerent ſi bien les Anglois, qu'ils les obligerent à ſe retirer entre leurs deux ponts, où les accablant de grenades & de flacons de poudre qui brûloient juſqu'à leurs habits, ils les contraignirent d'amener.

J'étois entre les mains du Chirurgien, qui me voyant ſans connoiſſance, employoit toute ſon habileté à me faire reprendre mes eſprits, & quand il en fut venu à bout, je lui demandai ſi nous étions vainqueurs ou vaincus. Il m'apprit, avec une joye, que l'idée d'une grande fortune lui inſpiroit, que le Vaiſſeau Anglois étoit à nous : qu'il revenoit d'Angole : que ſon leſte étoit de morphil ou d'ivoire, & ſa charge de cinq cens cinquante Négres, avec beaucoup de poudre d'or. Véritablement on ne pouvoit faire une plus riche priſe. Auſſi mes Confreres s'en applaudiſoient-ils, en faiſant éclater leur raviſſement par des tranſports inexprimables. Mais, hélas, que leur joye fut de peu de durée ! Ils n'eurent pas le tems de compter leurs richeſſes. La fortune les leur enleva bien promptement. Elles ne furent à eux que depuis huit juſqu'à onze heures du matin, & ils payerent cherement une ſi courte poſſeſſion.

En voulant gagner la Quaye S. Loüis, qui étoit le Port François le plus proche de l'endroit où nous nous trouvions, nous allions justement à la rencontre du *Jarsey*, Navire Anglois, Garde-côte, de cinquante-quatre pieces de canon. Ce Vaisseau croisoit sur les côtes de l'Espagnola, avec une Frégate de trente-six pieces. Notre Bâtiment étoit si délabré, que nous n'eûmes pas même la pensée de chercher à leur échapper. Néanmoins dans notre désespoir, nous nous préparâmes à nous défendre. Je me fis porter sur le pont, où ne pouvant me soutenir, même assis, on m'accommoda de façon qu'étant couché sur le dos, les bras libres, & la tête un peu élevée, je pouvois encore tirer quelques coups de fusil. Quinze hommes qui conduisoient notre prise, furent d'abord tentez de mettre le feu aux poudres, & de faire ſauter le Vaiſſeau, mais remarquant que nous nous apprêtions au combat, ils firent la même choſe. Je n'avois avec moi que vingt-cinq hommes, en comptant le Philoſophe & les bleſſez.

Le *Jarſey* vint à nous le premier, & nous voyant ſi peu de monde, nous attaqua ſans attendre la Frégate, Les quinze hommes qui montoient le Navire pris, ſuffiſant à peine pour manœuvrer, ne lui parurent pas fort à craindre. Il ne s'attacha qu'à notre Vaiſſeau, & comme il s'aperçut que, trop foibles pour ſonger à l'abordage, nous prenions par neceſſité le parti de nous tenir ſur notre bord, il ne manqua pas de ſe regler là-deſſus. Pour nous expédier plus promptement, il chargea ſon canon à mitrailles, & indigné contre nous de ce que malgré de tels préparatifs, nous ne nous disposions point à amener, il se mit à nous passer sur le corps à chaque instant avec son gros Vaisseau qui brisa le nôtre ; il alloit indubitablement nous couler à fonds, si nous ne nous fussions pas prudemment déterminez à nous rendre.

Le Capitaine trouva notre prise bien maltraitée ; & piqué de la résistance que nous avions osé lui faire avec des forces si inégales, il nous traita très-rudement de paroles & d'effet. Il nous fit charger de fers tout blessez que nous étions, & nous laissa le reste du jour sans nous faire panser. Aussi périrent plusieurs de nos Compagnons, de qui les blessures sans cela n'auroient pas été mortelles. Considérant toutefois le lendemain que nous étions réduits à une vingtaine tout au plus, il permit à notre Chirurgien de prendre soin de nous, & nous fit ôter nos fers trois jours après.

Ce n'étoit qu'en chemin faisant que le *Jarsay* nous avoit pris, il s'imaginoit que la fortune lui gardoit encore d'autres faveurs. Il continua de croiser au nord de l'Espagnola, nous traînant après lui comme en triomphe. Nous désirions ardemment qu'il rencontrât quelque gros Bâtiment Espagnol ou François, afin que nous pussions nous révolter pendant le combat. Nos vœux ne furent point exaucez, & le *Jarsay* ne fit point d'autre capture. Il demeura pourtant en Mer si long-tems, que l'eau lui manqua. Il étoit obligé d'envoyer la nuit ses Chaloupes à terre pour en faire.

La vûë de nos côtes nous donna une si furieuse envie d'essayer de sortir d'esclavage, qu'il n'y eut pas moyen d'y résister. Un soir entre autres ayant reconnu au clair de la lune le Lac Tiburon, j'entrepris avec trois autres Flibuſtiers auſſi téméraires que moi de nous y ſauver à la nage, quoiqu'il fût éloigné de nous pour le moins de deux mille. Nous aurions peut-être réüſſi dans cette périlleuſe entrepriſe, ſans un accident qui nous arriva. Un de mes trois Camarades, qui étoit le meilleur de mes amis, & très-mauvais nageur, ayant voulu être de la partie, s'épuiſa bientôt. Nous n'étions pas au quart du chemin qu'il m'appella. J'allai à ſon ſecours. Il s'appuya quelques inſtans ſur moi pour ſe repoſer; après cela il ſe remit à nager; mais ſentant bien qu'il n'auroit pas la force de gagner le Lac, il jugea plus à propos de reprendre ſes fers, que de les briſer ſottement en ſe noyant. Il cria donc, & découvrit notre fuite. On tira auſſi-tôt quelques coups de canon pour avertir les Chaloupes qui étoient à terre de venir nous reprendre. Ce qu'elles firent, non ſans nous régaler de quelques coups de rames, pour ſervir de prélude aux ſouffrances qu'ils nous préparoient. On nous remit aux fers dès que nous fûmes à bord du *Jarſay*, & l'on nous conduiſit dans cet état à la Jamaïque.

Là, nous fûmes livrez à toutes la mauvaiſe volonté qu'avoit pour les François un vieux Gouverneur à tête chauve, qui néanmoins étoit lui-même François de nation. Il nous fit enfermer à trois lieuës de Keneſton, dans une priſon où l'on mettoit ordinairement les Négres déſerteurs. Huit jours après il nous manda pour nous exhorter à ſervir contre la France, m'offrant en particulier un plus grand Vaiſſeau que celui que je venois de perdre. Nous lui répondîmes tous ſans héſiter que nous étions nez sous le pavillon blanc, & que nous y voulions mourir. Irrité de notre réponse, qui lui parut un reproche que nous lui faisions d'avoir tourné casaque à son Prince, il donna ordre fort charitablement qu'on diminuât nos vivres, & qu'on nous reconduisit en prison, par des chemins remplis de brossailles, & d'une espece d'épines, appellée raquette, dont les pointes déchiroient nos jambes nuës, & nous entroient dans la plante du pied. Si-tôt que nous étions arrivez à notre prison, nous étions obligez de nous arracher soigneusement les uns aux autres toutes ces épines, parce qu'autant qu'il en restoit de pointes dans notre chair, autant il s'y formoit d'abcès douloureux.

Le dessein qu'avoit le vieux Renegat de nous contraindre à trahir comme lui notre Patrie, nous procuroit si souvent l'honneur de lui aller de cette maniere faire notre cour à Keneston, que nos playes n'étoient pas plûtôt gueries, que nous nous en faisions de nouvelles. Outre cela, les Soldats qui nous conduisoient, ravis de se voir autorisez à nous maltraiter, nous tourmentoient de mille autres façons, étant persuadez qu'ils faisoient par ce moyen grand plaisir au Gouverneur. Pendant l'espace de six mois que nous demeurâmes dans cet endroit affreux, cinq de nos Camarades, du nombre desquels fut notre Philosophe, succomberent aux maux qu'on nous fit souffrir. Ces prisonniers infortunez contribuerent eux-mêmes après leur mort à augmenter nos peines, puisqu'on laissoit pourrir leurs cadavres à nos yeux, sans qu'il nous fût permis de les couvrir de terre, & de leur donner ainsi du du moins la ſépulture.

Le premier dont la mort finit la miſere, ſe nommoit ſimplement le Baron. L'on aſſuroit qu'il étoit fils d'un Gentilhomme de France qui portoit véritablement, & à bon droit le titre de Baron. Je ne me ſouviens pas de quelle famille il étoit, car je n'ai entendu prononcer ſon nom qu'une fois. Ce malheureux compagnon de nos diſgraces n'eut pas rendu les derniers ſoupirs, qu'il fut étendu ſur quatre perches, & expoſé à la porte de notre priſon. Nous n'eûmes pas la peine d'écarter de ſon corps les oiſeaux, & les autres bêtes carnacieres ; le pauvre garçon n'avoit que la peau ſur les os, & les chaleurs du climat en eurent bientôt fait un ſquellete.

La cruauté du Gouverneur ne remplit pas ſon attente. Il ne put jamais nous forcer à imiter ſa lâcheté. Ce qui l'obligea de nous envoyer en Angleterre avec un convoi de quarante Vaiſſeaux Marchands qui y paſſoient ſous l'eſcorte de quatre Vaiſſeaux de guerre. On nous débarqua en Irlande dans les priſons de Kinſelt, où nous trouvâmes une nombreuſe compagnie. Il y avoit plus de quinze cens François, & entr'autres tout l'équipage du *Covvantrik.*

En changeant de priſon, nous ne fîmes que changer de bourreaux, avec cette ſeule difference que ceux de la Jamaïque nous avoient maltraitez pour nous faire prendre parti contre la France; au lieu que ceux de Kinſelt ne le faiſoient que pour s'amuſer & ſatisfaire leur cruauté naturelle. Les Soldats & le Geolier nommé Meſtre Paipre, qu'on auroit avec juſtice pû appeller Maître Fripon, ſembloit n'avoir en vûë que de ſe défaire de nous peu à peu & ſans éclat. Outre qu'ils appréhendoient les repréſailles, ils ne vouloient pas que la Reine en fût inſtruite; car ils ſçavoient bien que cette Princeſſe les feroit punir, ſi elle apprenoit juſqu'à quel point ils étoient barbares.

Il eſt certain que leur plus grande recréation étoit de nous voir ſouffrir. Ces Démons ſe divertiſſoient à nous faire battre pour un morceau de pain ou de viande, comme on fait en Angleterre les Cocqs, & en France les Chiens. Ceux d'entre nous qui dévoroient en ſecret leurs ſoupirs, ſans pouvoir ſe réſoudre à donner à ces inhumains des paſſe-tems ſi dignes d'eux, n'étoient pas moins à plaindre, puiſqu'on les laiſſoit mourir de faim, comme des lâches, diſoit-on, qui ne méritoient pas qu'on les fit ſubſiſter. On les aſſommoit de coups de cannes tous les matins, quand on nous faiſoit paſſer en revûë pour nous compter, & dans les froids les plus rigoureux, on ne leur donnoit ni paille ni couvertures; au lieu que ceux qui ſe battoient bien pour avoir l'honneur de contribuer aux divertiſſemens de Noſſeigneurs Meſtre Paipre & les Soldats, étoient un peu mieux traitez.

Je vis ainſi périr miſérablement pluſieurs de mes Camarades, qui nous conjuroient en mourant moi & nos autres Flibuſtiers de venger leur mort; ſi nous avions le bonheur de ſortir jamais de cette horrible priſon. Nos boureaux avoient établis une loi qui faiſoit bien connoître qu'ils prenoient grand plaiſir à cette ſorte de ſpectacle. Le diſpoſitif de cette loi étoit que celui de nous qui ſe battroit contre tous venans, & demeureroit vainqueur, ſeroit appellé le Cocq des priſonniers, & pour rendre ce titre honorable encore plus digne d'envie, ils y avoient ajoûté le droit de faire les portions des autres, & de prélever pour sa bouche, & pour celle de ses meilleurs amis ce qu'il y auroit de moins mauvais, & cela jusqu'à ce qu'il eut trouvé son vainqueur.

Cette loi me fit prendre la résolution d'employer tout ce qui me restoit de force pour devenir le Cocq, & nous procurer à mes amis & à moi dequoi traîner notre vie encore quelque tems. Mais il n'étoit pas facile d'exécuter heureusement ce dessein Il s'agissoit de chasser de cette place un gros Breton qui avoit déja tué quatre ou cinq prisonniers qui avoient eu la témerité de la lui disputer. Ce combat étoit d'autant plus propre à prolonger le plaisir des Anglois, qu'il falloit se battre sans armes, & que la victoire n'étoit complette que par la mort du vaincu. Rien ne pouvoit être mieux imaginé que ce réglement, parce que tel qui osoit entrer en lice contre le Cocq, étant à peu près de sa force, défendoit souvent sa vie pendant plusieurs heures. Quelle volupté pour Messieurs les spectateurs.

Je balançai long-tems à prêter le colet au redoutable Tenant qu'il étoit question de terrasser. Quand je l'examinois attentivement, je désesperois de le vaincre. C'étoit un gros noiraut qui me paroissoit plus fort que moi. De plus, j'avois oüi dire que les Bretons étoient les plus adroits de tous les hommes à l'exercice de la lutte. Le tems me pressoit pourtant de me déterminer ; ma force diminuoit tous les jours faute de nourriture, & je voyois mes Camarades sur les dents. Enfin le hazard s'en mêla, & me fit prendre mon parti.

Un ſentinelle m'ayant entendu murmurer au ſujet des parts que le Cocq nous avoit faites, l'appella & lui dit que je le menaçois. Le Breton vint à moi, & me demanda en ricanant, ſi je n'aurois pas envie de me charger du ſoin de les faire à mon tour ; qu'il ſeroit bien curieux de voir ſi j'aurois aſſez de cœur pour cela. Cette bravade m'échauffa le ſang ; je ne regardai plus le Cocq que comme un poulet, & je lui dis avec fureur que je le prenois au mot. Les Soldats & quelques Priſonniers firent à l'inſtant un cercle autour de nous. Je leur fis connoître que les Canadiens ne le cédoient aux Bretons ni en force ni en adreſſe. Je l'étendis par terre tout de ſon long, & ſi rudement, qu'il y demeura comme mort. J'eus moi-même horreur de ma victoire, que je ne pus pouſſer plus loin, quoique pour la rendre parfaite la loi voulut la mort du vaincu. Les ſpectateurs ſe contenterent auſſi de le voir ſans ſentiment, & Meſtre Paipre l'ayant fait emporter, me proclama Cocq des priſonniers.

Je n'exerçai pas long-tems mon emploi. Ce n'eſt pas que quelqu'un me le fit perdre de la même façon que je l'avois gagné. La victoire que j'avois remportée rempliſſoit de terreur tous les priſonniers, qui s'étant imaginez qu'il n'y avoit point d'homme plus fort que mon Breton, n'étoient nullement tentez de ſe joüer à ſon vainqueur. Je conſervai donc ma place glorieuſement pendant quinze jours, au bout deſquels je tombai malade. Ne pouvant donc plus m'acquitter de mes fonctions, je perdis tous mes privileges.

Nous voilà donc, mes Confreres & moi réduits encore à ſouffrir la faim, & de plus le froid excessif qu'il faisoit alors. * Ce qui ne servoit pas peu au dessein des Anglois. Il n'y avoit pas de jour qu'il ne mourût dix à douze prisonniers. Je me souviens que dans ces tristes momens nous bornions nos souhaits les plus ardens à ne point manquer de paille fraîche & de pain. Je crois même que nous nous serions mieux trouvez de coucher sur la dure que sur la paille qu'on nous donnoit, parce qu'on la changeoit si rarement, qu'elle se réduisoit en poussiere, & devenoit très-désagréable à sentir. Avec cela nous n'avions à quatre qu'une méchante couverture de poil de chien, si usée qu'elle ne tiroit pas d'elle-même son plus grand poids. Dans ce pitoyable état, nous nous disions adieu les uns aux autres, & nous comp-

* En Janvier 1710.

tions combien à peu près de jours chacun de nous avoit encore à vivre ; moins touchez de la mort même que de l'impossibilité où nous étions de nous venger. Notre Religion, je l'avouë, auroit dû nous obliger à faire un meilleur usage de nos peines ; mais nous n'avions pas assez de vertu pour être capables d'un si grand effort.

Parmi les autres prisonniers, il y avoit de ces gueux de profession, qui n'ayant point oublié leur premier métier en prenant le mousquet, fatiguoient tellement par leurs lamentations les personnes qui venoient dans les prisons, qu'ils attrapoient toujours quelques Fardins, petite monnoye de la valeur à peu près des Liards de France. Ils trouvoient moyen par là de prolonger leur misere. Un de ces miserables me voyant à l'extrémité, par conséquent hors d'état de me défendre, vint à moi, me reprocha la mort du Cocq Breton ſon parent, qui s'étoit effectivement aviſé de mourir depuis notre combat, & ſe mit à me frapper à coups de pieds ſur l'eſtomac & ſur le viſage. Il falloit que je fuſſe bien mal, puiſque je n'eus pas même la force de jurer.

J'étois cependant plein de connoiſſance, & j'entendois mes Camarades, qui ſe ſentant trop foibles pour pouvoir me ſecourir, s'entredemandoient s'il n'y avoit perſonne parmi eux qui fut aſſez fort pour ſe lever, & aſſommer ce malheureux. J'ignorois ce que c'étoit que la patience, & j'en fis un pénible eſſai pendant le reſte de la journée. Je n'ai de ma vie prié Dieu de ſi bon cœur qu'alors. Je ne lui demandois ſeulement que de me renvoyer la ſanté pour un quart d'heure. Le motif de ma priere ne la rendoit pas digne d'être exaucée. Aussi ne le fut-elle point.

Je voulus prendre le soir quelque nourriture, si l'on peut appeller de cette sorte la valeur d'une demie once de mie de pain trempée dans de l'eau. Cela ne laissa pas de me procurer trois ou quatre heures de sommeil la nuit suivante, de façon que le lendemain matin je crus que j'allois reprendre des forces. Sur les dix heures mon ennemi qui venoit apparemment de déjeûner de quelque aumône qui lui avoit été faite, se coucha sur la paille assez près de moi, & s'endormit presque aussi-tôt. J'en ressentis une secrete joye, & me disposant sans balancer à écraser un homme qui s'offroit à ma vengeance, je commençai à me traîner vers lui en roulant avec moi mon chevet qui étoit l'unique instrument dont je puſſe me ſervir pour réüſſir dans mon deſſein. Lorſque je fus près de ma victime, j'implorai intérieurement l'aſſiſtance du Ciel, comme ſi je me fuſſe préparé à faire la plus belle action du monde, & ne doutant point que le Seigneur ne ſoûtînt mon bras, de même qu'il avoit fait celui de Judith ; mais quoique la pierre ne pesât que ſept ou huit livres, il me ſembla, quand je me mis en devoir de la lever pour en caſſer la tête de mon ennemi, qu'elle étoit auſſi peſante que le Rocher de Siſiphe.

Quelle mortification pour moi de voir mon attente trompée ! Hé quoi diſois-je tout bas, après avoir cent fois enlevé de terre des poids de cinq cens livres, je ne puis aujourd'hui en lever un de ſept ! Ciel, faut-il que ma foibleſſe trahiſſe mon reſſentiment ! Je fus ſi touché de cette penſée

&

& je sentis mon cœur pressé d'une si vive douleur, que je ne pus m'empêcher de fondre en larmes. C'étoit pour la premiere fois de ma vie que j'en répandois. Mes Camarades de leur côté attentifs à mon action, s'étant apperçus que je n'avois fait qu'un effort inutile pour me venger, ne purent retenir leurs pleurs. Une scene si touchante attendrit le Geolier qui passa dans ce tems-là; il demanda pourquoi nous étions si fort affligez, & quand il eut appris la cause généreuse de mon désespoir, car je ne lui en fis pas un mystere, il me dit d'un air compatissant qu'il auroit soin de moi, parce qu'il aimoit les braves gens.

Mestre Paipre par cette rare pitié découvroit son caractere inhumain; s'imaginant voir dans mon procedé toute la barbarie & la férocité dont il étoit paîtri, il ne pouvoit ſe défendre de s'intereſſer pour un homme qui lui paroiſſoit ſympathiſer avec lui. Deux heures après il m'en donna de bonnes marques ; on m'apporta de ſa part dans une écuelle de la ſoupe de ſon propre pot, avec un petit morceau de bœuf par-deſſus. Je bus un peu de boüillon & ſuccai une partie de la viande, après en avoir fait part à mes Confreres, dont il y en eut deux qui refuſerent de manger, pour être, diſoient-ils, plûtôt délivrez de tous leurs maux. Véritablement, l'un expira la nuit ſuivante, & l'autre ſe trouva deux jours après étouffé de quantité de terre & d'ordures qu'il avoit avalées.

Pour moi, livré aux maximes des Sauvages dont j'avois été imbu dès mon enfance, je me roidiſſois contre mon ſort. Je ne reſpirois que la vengeance, & je ne mangeois que pour devenir en état de satisfaire cette passion. Je faisois serment à mes malheureux Flibustiers de ne pas laisser leurs peines impunies, leur protestant que si je me prêtois au soin que le Geolier prenoit de me conserver la vie, ce n'étoit uniquement que pour les venger. Serment que je n'ai que trop bien gardé dans la suite pour les péchez des premiers Anglois qui me tomberent entre les mains au sortir de ma prison. J'en demande pardon à Dieu présentement; mais j'ose dire que je ne devins cruel qu'à leur exemple. On sçait qu'auparavant je traitois avec beaucoup d'humanité les prisonniers que je faisois.

Quoique je me fusse attiré la compassion de Mestre Paipre, les égards qu'il avoit pour moi n'alloient pas jusqu'à me fournir des consommez, & autres alimens confortatifs. Sa générosité ne s'étendoit pas si loin ; & ce qu'il appelloit me bien nourrir, n'étoit autre chose que de ne me pas laisser mourir de faim. J'aurois néanmoins été très-content de lui, s'il eut voulu à ma considération pousser la charité jusqu'à soulager mes Camarades ; mais ils n'avoient pas eu comme moi le bonheur d'acquérir son estime. Je les vis enfin périr tous l'un après l'autre.

J'avois remarqué plus d'une fois que ceux des autres prisonniers qui sçavoient quelque métier, & que des Bourgeois de Kinselt venoient chercher le matin, & ramenoient le soir, après les avoir fait travailler tout le jour, étoient les moins misérables. S'ils menoient une vie dure & pénible, ils avoient la consolation de manger tout leur saoul. Ce qui me paroissoit le plus grand des plaiſirs après celui de la vengeance. Je réſolus donc de dire au premier Artiſan qui viendroit demander un Ouvrier, que j'étois de ſa profeſſion. La fortune qui me perſécutoit me fit tomber en mauvaiſes mains. Il ſe préſenta un Armurier chez lequel perſonne n'avoit envie d'aller. Il paſſoit pour un brutal, qui prenoit des Ouvriers plûtôt pour les battre que pour les faire travailler. Je ne fus pas dans ſa maiſon, que je m'apperçus bien que ce n'étoit pas une trop bonne pâte d'homme. Il avoit un ſon de voix rude, & l'air du monde le plus méchant.

Il me donna d'abord un canon de fuſil à limer. Je m'y pris aſſez bien pour qu'il n'eût rien à me dire. Il eſt vrai que j'étois merveilleuſement excité au travail, par la vûë d'un grand chaudron qui étoit ſur le feu, & dans lequel je voyois pesle-mesle de la porée, des oignons, des choux, & des croutes de pain. Tout cela me faisoit venir l'eau à la bouche, & m'inspiroit de l'ardeur pour la besogne. Enfin le moment de manger, ce moment délicieux arriva, & pour comble de bonheur, au lieu de me donner une simple portion, comme je m'y attendois, on me fit l'honneur de me permettre de porter la main au chaudron, sans en prévoir les conséquences; car peut-être m'auroit-on taillé mes morceaux, si l'on eut deviné le ravage que j'y allois faire. Cependant l'Armurier, sa femme, & sa fille bien loin de témoigner qu'ils se repentoient de m'avoir laissé la liberté de manger à discrétion, paroissoient se divertir à me voir dévorer ce qu'il y avoit dans le chaudron. La fille de l'Armurier sur tout étonnée de mon apetit, dit à ſon pere : Aſſurément cet homme-là n'eſt pas fait comme nous ; il faut qu'il ſoit creux juſqu'aux talons. Il a lui ſeul beaucoup plus mangé que nous tous. Cela eſt vrai, répondit le Patron ; & il va ſans doute travailler à proportion ; autrement nous ne ſerons pas amis.

C'étoit bien mon deſſein. J'étois trop content de mon dîné, pour ne pas m'attacher au travail. Je voulois conſerver une ſi bonne pratique, & pour mieux faire ma cour au Maître, je me ſerois volontiers mis en chemiſe, ſi j'en euſſe eu une ; mais je n'avois plus depuis long-tems qu'une méchante veſte de toile que la modeſtie me défendoit de quitter. Je me mis donc joyeuſement à l'ouvrage, & pendant un quart d'heure cela n'alla point mal. Je me ſentois ſeulement les bras un peu plus peſans qu'avant le dîné.

J'étois si rempli de la bonne chere que j'avois faite, que j'aurois eu besoin d'une méridienne de trois ou quatre heures, pour me remettre en train de bien faire. Je ne respirois qu'avec beaucoup de peine, & le sommeil par malheur commençoit à vouloir me surprendre. J'avois beau pour l'écarter de mes sens faire tous les efforts possibles, il répandoit sur moi ses plus doux pavots; la lime me tomboit des mains. Je m'endormois debout.

L'Armurier, qui m'observoit, ne trouvant pas son compte à mes petits assoupissemens, me réveilla la premiere fois d'un ton de voix si terrible, que d'un demi-quart d'heure il ne me prit envie de m'endormir; mais le sommeil étoit trop attaché à sa proye pour l'abandonner, & je cedai de nouveau à ses vapeurs. Alors le Patron employant pour me réveiller un moyen plus efficace, m'appliqua ſur l'omoplate un coup de lime des plus furieux, & dont je fus grievement bleſſé. Il n'en falloit pas tant pour diſſiper entierement mon ſommeil, & me mettre en fureur contre l'Armurier. Je lui déchargeai à l'inſtant ſur la tête un ſi rude coup du canon de fuſil que je limois, qu'il n'eut pas beſoin d'un ſecond pour tomber à mes pieds ſans ſentiment.

Si-tôt que je le vis à terre, & noyé dans ſon ſang, je ſortis de ſa maiſon & pris la fuite ſans ſçavoir où je devois me refugier; mais je n'allai pas loin ſans être arrêté par une foule de peuple qui me ſuivoit, & qui ſe donna la peine de me remener en priſon. Tandis qu'on m'y reconduiſoit, je me reſſouvins que l'Armurier en me préſentant le matin à ſa femme, lui avoit dit d'un air fâché que Meſtre Paipre faiſoit plaiſir à qui bon lui ſembloit : & que ce Monſieur le Geolier envoyoit des cinq & ſix Ouvriers à certains Bourgeois, pendant qu'il n'en accordoit qu'un à d'autres ; & même de très-mauvaiſe grace. Je fis là-deſſus le plan du plus hardi menſonge qu'on ait jamais inventé. J'eus l'effronterie de dire à Meſtre Paipre que c'étoit à ſon ſujet que j'avois eu diſpute avec l'Armurier, & que ce miſérable Manœuvre m'avoit dit de lui mille ſottiſes que je n'avois pû ſouffrir.

Notre orgüeilleux Concierge prit feu ſur ce faux rapport, & défendît qu'on me chargeât de fers, en diſant tout haut que l'Armurier avoit été traité comme il le méritoit. Lorſque je vis que le Geolier ajoûtoit foi bonnement à ce que je lui diſois, je me mis à lui détailler les diſcours inſolens que le Bourgeois avoit tenus de lui, & les réponſes que j'y avois faites; mais ne ſe ſentant pas la patience que la longueur de mon récit exigeoit de lui, ou bien craignant d'en trop entendre, il m'imposa ſilence: Cela ſuffit, mon ami, me dit-il, je ſuis content de toi. Je reconnoîtrai le zele que tu as fait paroître pour moi, en puniſſant un perfide voiſin dont je ſçaurai bien en tems & lieu tirer raiſon.

Les effets de ſa reconnoiſſance ſuivirent de près ſa promeſſe, & pour me récompenſer d'avoir ſi courageuſement pris ſes interêts, ou ſi vous voulez d'avoir menti, il me donna un bon habit neuf, me fit manger à part, & doubler ma portion. Outre cela, il me permit de me promener à toute heure dans les cours de la priſon. Une ſi honnête liberté ne tarda pas à m'inſpirer un deſir violent de m'en procurer une plus grande, & je n'en cherchai pas longtems les moyens. Il y avoit sous un toict une longue perche, sur laquelle les Soldats étendoient quelquefois leur linge pour le faire sécher. Je n'eus pas besoin d'une autre échelle pour grimper sur les murs, & elle me servit pour en descendre dans la ruë encore plus commodement. Après quoi je m'éloignai de la Ville à toutes jambes.

C'est ainsi qu'une belle nuit je sortis des prisons de Kinselt. Je marchai jusqu'au jour au travers des terres, tirant toûjours vers le nord, comme un homme qui avoit dessein de se rendre à Corke, d'où je n'ignorois pas qu'il partoit souvent des Vaisseaux pour l'Amerique. Au lever du soleil, je gagnai un bois où je me reposai jusqu'à midi. J'y laissai l'habit de Soldat dont Mestre Paipre m'avoit fait présent avec tant de générosité. J'étois pourtant un peu mortifié de le perdre, mais après avoir consideré qu'il pouvoit me faire reconnoître, j'en fis un sacrifice à ma sûreté. Je me remis en chemin, & le reste de la journée, je ne m'arrêtai dans aucun endroit.

La crainte de tomber entre les griffes des Connêtables, m'empêchoit de suivre les routes ordinaires; ce qui étoit cause que je faisois six fois plus de chemin que je n'en aurois fait, si je n'eusse eu rien à redouter. Le soir, je soupai de quelques choux que j'attrapai en passant par un jardin. J'en mangeai les cœurs, & je me fis la nuit une couverture & un matelas des plus grandes feüilles. Une si mauvaise nourriture, & la fatigue d'une longue traite me rendirent si foible, que le troisiéme jour ne pouvant plus marcher, je fus obligé de me coucher dans une prairie qui me servit à deux usages, à me délasser, & à me faire subsister. Il est vrai que mon estomac ne pouvant s'accommoder long-tems d'un pareil mets, ne manqua pas de s'en défaire, si bien que je demeurai dans une inanition qui auroit été infailliblement suivie de ma mort, si un homme charitable averti par des enfans qui m'avoient vû manger de l'herbe, ne fut venu me secourir avec deux autres personnes, qui me transporterent dans un Village voisin.

On me mit d'abord sur de la paille dans une Grange, où un homme d'une taille fort au-dessus de la médiocre, & qui ne sembloit être qu'un domestique, s'approcha de moi. Il me questionna sur ma Religion, & ne pouvant douter par mes réponses que je ne fusse Catholique, il me fit porter sur le champ dans une petite chambre, où s'étant rendu aussitôt qu'on m'eut couché dans un assez bon lit, il parut s'interesser à ma conservation. La premiere chose qu'on me fit fut de me débarasser par un bon vomitif de toutes les herbes que j'avois mangées. Ce remede, quoique salutaire, acheva de m'ôter toutes mes forces, & je restai un quart d'heure sans mouvement. Le grand homme croyant que j'allois expirer, ordonna à tous ceux qui étoient dans la chambre de sortir, puis s'étant approché de mon oreille, il me dit à haute voix de demander pardon à Dieu. Ce que je fis mentalement, ne pouvant prononcer une parole. J'entendis qu'il me donna l'Absolution. Ensuite il se retira.

Après sa retraite, d'autres personnes entrerent avec du lait, dont ils me firent avaler quelques gouttes à force de me tourmenter. Cela étant fait, on jugea qu'on devoit me laisser prendre du repos, & certainement on me tira par-là d'affaire. Je dormis d'un profond sommeil qui dura cinq ou six heures sans interruption, & le lendemain je me trouvai hors de danger. Je m'attendois alors à revoir le grand homme dont je viens de parler, mais il ne parut plus devant moi. Je jugeai que c'étoit quelque Prêtre caché dans cette famille, ou dans le voisinage: Je ne sçai pas même si ce n'étoit pas un Evêque, qui comme ceux de la primitive Eglise n'avoit pour cortege & pour tout équipage que ses bonnes œuvres & sa vertu. Ce qui me feroit croire que c'étoit un Prélat, c'est qu'après qu'il m'eut absous & exhorté à offrir mes souffrances au Seigneur, il donna, si je ne me trompe, sa bénédiction à l'hôte qui étoit seul dans la chambre avec nous, & qui s'étoit mis à genoux pour la recevoir. Je dis, si je ne me trompe, car dans l'état où j'avois l'esprit, je ne pouvois guere compter sur le rapport de mes yeux.

Au bout de quelques jours, je me sentis bien rétabli. Alors les bonnes gens à qui j'en avois toute l'obligation, pour achever de remplir généreusement tous les devoirs de l'hospitalité, me mirent dans le chemin de Corke avec six Schelins, un bon habit, deux chemises neuves, & un petit sac, où il y avoit plus de pain & de bœuf salé que je n'en pouvois manger jusques-là ; puisqu'il ne me restoit plus que quatre mille à faire.

J'étois trop malheureux pour pouvoir conserver tout cela longtems. Je n'eus pas marché trois quarts-d'heure que je rencontrai deux Connêtables. Ils m'auroient peut-être laissé passer sans me rien dire, si la crainte de retourner en prison, ne m'eut fait quitter le grand chemin pour aller vers un bois qui n'en étoit pas éloigné. Je me rendis par-là suspect. Ils jugerent que je les fuyois, & que sans doute ce n'étoit pas sans raison. Ils m'eurent bientôt devancé, & ils me sommerent de me rendre à eux sans résistance. Si j'avois eu des armes pareilles aux leurs, je les aurois facilement mis en fuite, ou contraint à me demander quartier. Je ne laissai pourtant pas de me deffendre tout désarmé que j'étois; mais je n'y gagnai que des coups. Ils furent les plus forts, & me menerent dans la maison d'un Paysan, où ils me lierent les pieds & les mains, & me donnerent en garde au Maître jusqu'au retour d'une expédition pour laquelle ils étoient aux champs. Ils lui recommanderent de veiller soigneusement sur moi sous peine de prison ; l'assurant au contraire qu'il seroit bien payé de ses peines, s'il ne me laissoit point échaper. Ils lui promirent même toute ma dépoüille, pour mieux l'engager à me bien garder.

Le Villageois fut enchanté de cette promesse, & regardant déja mon habit comme un bien qui lui appartenoit, il s'avisa, pour m'empêcher de le gâter la nuit, de vouloir me l'ôter par provision, pour m'en faire prendre un des siens qui étoit tout déchiré. Pour cet effet, commençant à me servir de valet de chambre avec quatre ou cinq personnes, il me délia les deux mains, & fit ce troc d'habits jusqu'à ma chemise inclusivement. Je souffris tout avec une patience admirable ; aussi mon Geolier fut-il si content de ma docilité, qu'il eut égard à la priere que je lui fis de ne pas serrer fort étroitement mes liens, afin que je pusse me coucher & dormir. Lorsque j'eus soupé des provisions que j'avois dans mon bissac, je me jettai sur de la paille, où fouillant par curiosité dans les poches du mauvais habit dont j'étois revêtu; quelle fut ma joye d'y trouver un coûteau qu'on n'avoit pas eu soin d'en ôter. J'imaginai bientôt l'usage que j'en pouvois faire; je m'en servis utilement pour couper les cordes qui me lioient, & dès que j'eus lieu de penser que le Paysan & sa famille étoient endormis, je sortis doucement de la Maison, très-satisfait d'en être quitte pour mon habit.

Je repris la route de Corke, où j'arrivai d'assez bonne heure ce jour-là. Mais n'osant entrer dans la Ville dans l'équipage où les Paysans m'avoient mis, je passai la nuit sur le Port, que j'examinai avec beaucoup d'attention. J'y remarquai bien des Chaloupes qu'il m'auroit été facile d'enlever, si j'avois eu des Camarades, & ce que je n'eus garde d'entreprendre tout seul. Quand je vis approcher le jour, je me retirai à l'extrémité d'un Faubourg dans une espece de Métairie. J'y cherchai un endroit où je pusse dormir à couvert & m'y cacher, parce que j'avois besoin de repos. J'apperçus une petite étable ouverte, éloignée des autres maisons, & j'y entrai sans faire de bruit.

A peine y eus-je mis le pied, que j'entendis deux animaux grogner, comme pour m'avertir que la place étoit prise. Si j'eusse eu affaire à des gens raisonnables, j'aurois employé les prieres & les politesses, pour obtenir une petite portion de leur logement;

mais me voyant dans la necessité de me placer auprès d'eux sans leur permission, je m'avançai de leur côté, en prenant garde autant qu'il m'étoit possible, de les incommoder. Cependant avec toute ma bonne volonté, j'eus le malheur de marcher sur le pied de l'un des deux, & le mal qu'il en ressentit fut tel, qu'il se leva tout en colere & sortit. Je me saisis aussi-tôt de sa place, & ne la lui rendis pas quand il revint après avoir boudé un quart-d'heure à la porte. Il est vrai qu'il s'étendit à mes côtez, après quoi nous fûmes tranquilles & bons amis le reste de la nuit.

Je passai la suivante au même gîte, mais comme je n'avois rien mangé depuis ma sortie de chez le Paysan, la faim commença de nouveau à me dévorer les entrailles; j'avois beau pour les rafraîchir boire abondamment d'une belle eau claire que je puiſois dans un ruiſſeau qui couloit à deux pas de la Métairie, cela ne faiſoit qu'appaiſer pour un moment mon eſtomac. Enfin n'y pouvant plus réſiſter, je ſortis de ma retraite le troiſiéme jour pour voir ſi quelqu'un ne m'offriroit pas un morceau de pain. Je me promenai long-tems ſur le Port, où malgré la faim canine qui me tourmentoit, je prenois plaiſir à conſiderer les Vaiſſeaux qui ſe préſentoient à ma vûë; & je n'en voyois pas un à la voile que je ne me repréſentaſſe qu'il étoit à moi. J'avois un air qui faiſoit pitié, & je m'appercevois bien à la maniere dont quelques perſonnes m'enviſageoient, qu'elles m'auroient volontiers donné l'aumône, ſi j'euſſe pû me réſoudre à la leur demander; mais c'eſt à quoi ma fierté ne pouvoit abſolument conſentir. Je ne fus pourtant plus maître de moi, lorſqu'une Servante vint renverſer preſque à mes pieds, un panier plein de balayeures de cuiſine, parmi leſquelles je remarquai quelques reſtes de légumes qui me tenterent à un point que je me jettai deſſus avec une extrême avidité.

Deux Quoakres * qui par hazard paſſerent auprès de moi dans cet inſtant, furent témoins de cette action. Pénétrez de la miſere où ils jugerent bien que je me trouvois réduit, & pour s'accommoder à la honte qui m'empêchoit de tendre la main aux paſſans, me jetterent chacun un Scheling, ſans s'arrêter à me parler, de peur de me faire de la peine. Je leur fis la réverence, & ramaſſai leur argent; avec quoi j'al-

* Ou Kakers, eſpece de Sectaires en Angleterre, qui ſe piquent de pratiquer l'Evangile plus à la lettre que les autres. Ces Kakers ſont très-fideles au Roi, qu'ils tutoyent par reſpect en lui parlant.

Iai dans une mauvaiſe Auberge, où je me bourrai l'eſtomac de viande & de pain. Enſuite ti ant vers la Métairie, je regagnai mon étable.

Je n'y paſſai pas cette nuit auſſi tranquillement que les précédentes. La bonne chere que je venois de faire, en bannit la paix & la concorde : un moment après que je fus couché, une ardente fiévre s'alluma dans mon ſang, & me cauſa un tranſport furieux. Je commençai contre le droit des gens à battre & à frapper mes deux hôtes, en criant comme ſi j'euſſe combattu avec mes Sauvages contre les Anglois. La raiſon me revenoit quelquefois, & tandis qu'elle m'éclairoit, je gardois le ſilence ; mais ſi-tôt qu'elle me fauſſoit compagnie, je recommençois à crier & à me débattre. Je fis apparemment ce train-là toute la nuit, & pendant mes délires, il arriva bien des choſes dont je n'eus aucune connoiſſance : Tout ce que je puis dire, c'eſt que le matin ayant repris l'uſage de mes ſens, je ne fus pas peu étonné de me voir au milieu d'une douzaine de femmes qui ſe diſoient les unes aux autres : *That-man dies, thatman dies.* *

De l'étable j'avois été tranſporté dans une chambre aſſez bien meublée, & mis dans un fort bon lit. J'appris que je devois ce ſecours plein de charité à une Dame Angloiſe, veuve de M. Ecak, Officier de Corke, qui venoit d'être tué dans la derniere Campagne. Cette Dame avoit été élevée à Londres par une Françoiſe, qui lui avoit inſpiré pour les François une bonne volonté dont elle me donnoit alors des preuves. Elle m'aſſura que j'étois chez elle dans une ſûreté

* Le pauvre homme ſe meurt.

parfaite, & promit de me faire repasser en France, aussi-tôt que ma santé seroit bien rétablie. Elle me fournit en même tems du linge & des habits. Cette Dame charitable pouvoit impunément avoir toutes ces bontez pour moi. Ma figure mettoit sa réputation à l'abri de la médisance. J'étois si crasseux, si pâle, si maigre, si hideux, que j'avois moins l'air d'un homme que d'un spectre.

Je demeurai plus de deux mois chez Madame Ecak, qui pour éviter les reproches de sa nation si ennemie de la nôtre, me fit passer pour un parent de la femme Françoise qui l'avoit élevée. Pendant ce tems-là, je recouvrai entierement ma santé. Alors ma généreuse Hôtesse qui sçavoit bien que malgré l'interêt qu'elle prenoit à mon sort, je ne joüirois pas en Irlande d'une parfaite tranquillité d'esprit, fut la premiere à chercher l'occasion de m'en éloigner. Elle m'embarqua dans un Navire qui partoit pour la Jamaïque, & dont le Capitaine s'engagea par serment à me mettre à terre à l'Espagnola, où j'avois, à ce que je disois, un agréable Etablissement.

Je me gardai bien sur la route de dire aux Anglois qui j'étois, & pour quel dessein j'allois aux Antilles. Si le Capitaine m'eut connu, malgré la parole qu'il avoit donnée à Madame Ecak, il auroit pû me faire trouver au fond de la Mer, la fin d'une vie que je ne conservois que pour faire à sa nation la guerre la plus cruelle. En reconnoissant à Saint Domingue le Cap Tiburon, comme on fait ordinairement en allant d'Europe à la Jamaïque; il me fit descendre dans sa Chaloupe, & porter à terre. De-là, je me rendis d'Habitation en Habitation au petit Goave, où M. de Choiſeuil fut extremement ſurpris de me revoir.

Il ne put ſans frémir d'indignation entendre le récit que je lui fis des rigoureux traitemens que j'avois reçus à la Jamaïque & en Irlande. Je les lui peignis ſi vivement, qu'il applaudit à l'impatience que je lui témoignai de m'en venger, moi & tous les miſérables qui avoient péri dans ce long & cruel eſclavage. Tandis que j'étois dans une ſi belle diſpoſition, il me donna un Vaiſſeau nommé *le Brave*, & pour aſſociez quatre-vingt-dix hommes qu'il ſçut aſſembler en moins d'un mois, & qui tous étoient fort propres à ſeconder mes intentions.

J'eus bientôt mis à la voile avec de pareils Camarades. Il y avoit plus de deux ans que je ne m'étois vû de coutelas au côté.

Je brûlois d'impatience d'essayer sur des Anglois si je sçavois encore m'en servir. Au lieu d'en attendre l'occasion, qui pouvoit me faire languir long-tems, je l'allai chercher sur les côtes de la Jamaïque, en croisant témerairement jusqu'à la vûë de ses Ports.

Le premier Vaisseau que nous rencontrâmes, & qui étoit destiné à porter tout le poids de notre vengeance & de notre fureur, n'avoit que dix-huit pieces de canon, & cent trente hommes d'équipage. Le Capitaine qui le commandoit, étoit un malin borgne qui avoit déja eu affaire à des Flibustiers. Dès qu'il vit que nous en étions, & que nous nous disposions à l'attaquer, bien éloigné de prendre chasse, il parut vouloir nous tenir tête, ou du moins parlementer avec nous. Effectivement il nous envoya sa Chaloupe pour nous proposer de passer chacun son chemin. Il nous fit dire qu'il croyoit que nous ne pouvions prendre un meilleur parti les uns & les autres : Qu'il sçavoit bien qu'il n'y avoit rien à gagner avec nous : Et que si nous voulions détacher deux hommes pour aller sur son bord, il leur feroit voir qu'il ne portoit rien qui valût seulement la poudre que nous tirerions, attendu qu'il avoit malheureusement pour lui manqué sa cargaison : En un mot, qu'il n'y avoit précisément que des coups à attraper de part & d'autre.

Le Borgne disoit la verité ; nous n'en doutions nullement, & il étoit de la prudence de n'en pas venir aux mains avec lui ; mais nous cherchions les Anglois, & nous avions plus d'envie de les maltraiter que de leur enlever leurs richesses Ce Capitaine ayant appris par notre réponse que nous rejettions ſa propoſition, toute raiſonnable qu'elle étoit, nous fit bien connoître que la crainte n'y avoit eu aucune part. Il vint à nous courageuſement, & ne refuſa point l'abordage. Néanmoins il s'en trouva mal, & il fut obligé d'amener après un quart d'heure de combat.

Notre priſe en effet juſtifia ce que le Capitaine nous en avoit dit : Elle nous parut ſi pauvre que nous la fîmes ſauter, après avoir mis à terre ce qui reſtoit de l'équipage, & avoir fait à ces malheureux des traitemens que le ſouvenir de ceux que tant de François avoient reçus à Kinſelt, rendoit à peine excuſables. Je ne vous laiſſe la vie, leur dis-je, qu'afin que vous mandiez à vos Correſpondans d'Irlande, que je traiterai de cette façon tous les Anglois qui tomberont entre mes mains, juſqu'à ce que j'aye vengé du moins tête pour tête près de quinze cens prisonniers François, qu'on a fait périr misérablement dans les prisons de Kinselt : Qu'ils se souviennent du Chevalier de Beauchêne, ajoûtai-je, ils connoissent bien ce nom. Ce n'est ici qu'un prélude de ce qu'ils doivent attendre de moi.

Nous nous écartâmes promptement des côtes de la Jamaïque, ne doutant point que les Vaisseaux Garde-côtes ne vinssent bientôt nous chercher dans cette Mer. Nous tînmes conseil, & il fut résolu que nous irions croiser vers les Canaries, où nous pourrions rencontrer outre des Anglois, quelques Vaisseaux Portugais, qui revenoient rarement par-là, disoit-on, sans avoir pris beaucoup de poudre d'or sur les côtes d'Affrique.

Le trajet fut très-fatiguant pour nous, & les vents contraires nous y firent employer tant de tems, qu'il nous fallut presque en arrivant aller chercher des rafraîchissemens aux Canaries. Nous comptions nous reposer dans ces Isles, jusqu'à ce qu'une douzaine des nôtres qui étoient malades fussent rétablis ; mais il y avoit dans la Ville de Canarie comme dans celle de Saint Domingue, des femmes qui ne haïssant pas les François, nous eurent bientôt attiré l'aversion des Espagnols. Nous jugeâmes bien d'abord que nous devions être là plus réservez qu'en Amerique, & user d'une grande circonspection, parce que la police étoit très-rigoureusement observée dans la Place, & qu'on n'y respectoit pas comme aux Antilles le nom de Flibustier. Le Gouverneur lui-même sembloit affecter de n'avoir pas pour nous tous les égards que nous nous imaginions que l'on nous devoit.

Il nous ménageoit ſi peu, qu'il fit ſa querelle particuliere d'une petite diſcuſſion que nous eûmes avec des Bourgeois, & qui fut cauſe que nous ſortîmes de la Ville plûtôt que nous n'avions réſolu. Je vais détailler cette affaire : Pluſieurs Bourgeois s'aviſerent un jour de vouloir viſiter notre Vaiſſeau, pour y chercher deux Demoiſelles qui n'y étoient aſſurément pas, & qui voyant que l'on mettoit ſur notre compte tout ce qu'on faiſoit de mal dans la Ville, avoient apparemment profité de l'occaſion pour ſe faire enlever par leurs Amans. Nous déclarâmes aux Bourgeois qu'il n'y avoit ni femme ni fille ſur notre bord, & qu'ils devoient s'en tenir à notre déclaration. Les Bourgeois allerent ſe plaindre de nous au Gouverneur, qui leur délivra un ordre de les laiſſer entrer dans notre Vaiſſeau, & d'y foüiller partout. Ils vinrent au nombre de plus de cent nous présenter cet ordre, que nous méprisâmes au lieu de le respecter. Là-dessus les Bourgeois croyant nous intimider, nous parlerent de prison, de cachot, de fers. Ce que nous n'eûmes pas si-tôt entendu, que nous nous jettâmes sur ces fanfarons, qui firent mine d'abord de se mettre en défense. Nous en couchâmes une douzaine sur le carreau en moins de deux minutes, & le reste s'enfuit. Alors sans perdre de tems, nous prîmes le large, fort satisfait d'avoir étrillé ces Bourgeois.

Nous ne fûmes pas en Mer que nous nous apperçûmes avec douleur qu'il nous manquoit trois de nos Camarades. Nous étions sûrs qu'ils n'avoient point été tuez dans l'expédition que nous venions de faire, puisqu'aucun des nôtres n'y avoit pas même été blessé ; nous étions persuadez qu'ils étoient dans la Ville. Pour les ravoir de haute lutte, nous croisâmes sur les côtes de l'Isle, & rencontrant à une lieuë de la Place une grosse Barque Espagnole, qui ne pensant pas avoir sujet de se défier de nous, se laissa sans peine aborder, nous nous en rendîmes maîtres. Nous la menâmes à la remorque jusqu'à la vûë de Canarie, & nous envoyâmes dans une Chaloupe deux Espagnols dire au Gouverneur que s'il ne nous renvoyoit pas sur le champ nos trois Flibustiers, nous allions mettre devant lui le feu à notre prise, & faire sauter avec elle soixante hommes qui en composoient l'équipage. La représaille ne convenant ni au Gouverneur, ni aux Espagnols. Ils nous rendirent nos trois Confreres, qui nous ramenerent eux-mêmes notre Chaloupe.

Nous cotoyâmes quelque tems la Côte d'Afrique, d'où nous passâmes au Senegal, de-là au Fort de Gorée. Nous croisâmes ensuite le long des côtes de la Grande-Terre, où tandis que nous faisions du bois & de l'eau, quelques Négres nous firent entendre qu'il y avoit un gros Navire Anglois dans la Riviere de Gambie. Les Peuples de la Grande-Terre haïssoient les Anglois. M. de Gennes l'éprouva bien dès l'année 1695. quand il prit sur eux dans cette même Riviere, l'Isle & le Fort Saint Jacques qu'il fit sauter, après en avoir enlevé plus de quatre-vingt pieces de canon, & une assez grande quantité de Marchandises. Nous remontâmes la Riviere jusqu'à la petite Isle aux Chiens, où nous trouvâmes le Vaisseau que nous cherchions. Il fit une longue & belle résistance, quoiqu'il ne fût que de ſeize pieces, & de ſoixante hommes d'équipage.

Il y avoit à bord de ce Bâtiment deux priſonniers François, qui nous dirent qu'il y avoit pluſieurs années qu'on les traînoit de Mers en Mers, pour les forcer à ſe racheter par une rançon exhorbitante qu'on leur demandoit, & qu'ils étoient hors d'état de payer. Ils avoient été pris en voulant repaſſer en France du Canada, où l'un s'étoit retiré pour éviter les ſuites d'un duel, & l'autre pour y chercher & en ramener en France par ordre du Miniſtre, une perſonne dont la mort avoit rendu ſa peine inutile.

Je queſtionnai beaucoup ce dernier, & plus je le conſiderai, plus il me ſembla qu'il ne m'étoit pas inconnu. Montreal, Chambly, Sorel, Frontenac, il connoiſſoit tous ces lieux-là. Je le priai de m'apprendre son nom, & il me dit qu'il s'appelloit le Comte de Monneville. Ce nom mit toutes mes idées en défaut ; mais je les débroüillai le lendemain en m'entretenant avec lui ; ce qui donna lieu à une reconnoissance qui nous fit un extrême plaisir à l'un & à l'autre. Comme nous parlions de l'expédition de M. de Frontenac contre les Iroquois, je lui dis que j'étois moi-même dans ce temslà parmi ces Sauvages, à telles enseignes que je fus fait prisonnier, & ramené à mes parens par un Officier nommé le Gendre.

A ce mot de le Gendre, il m'interrompit, & me regardant avec encore plus d'attention qu'il n'avoit fait : C'est donc moi, s'écria-t-il, qui vous ai rendu ce service, car c'étoit-là le nom que je portois alors. Seroit-il possible, ajoûta-t-il, que vous fussiez un de ces enfans que j'enlevai aux

Iroquois ? Non aſſurément, lui répondis-je ; mais vous voyez en moi ce jeune homme qui faiſant ſottement l'Iroquois, quoique Canadien, penſa payer de ſa vie le ridicule deſir de paſſer tout de bon pour Sauvage. Ainſi je fais plus aujourd'hui pour vous, continuai-je en ſouriant, que vous ne fîtes alors pour moi, puiſque je vous délivre des mains d'une nation que vous déteſtez, & qu'au contraire vous m'enleviez d'un Pays que j'aimois, & pour lequel je voulois mourir. J'avouë que je ſuis en reſte avec vous, reprit-il, & je compte que vous me mettrez dans la neceſſité de vous devoir encore d'avantage. Je le priai de me parler plus clairement, & il m'aſſura qu'à la réſerve du plaiſir de me revoir la liberté que je lui rendois, n'auroit point de charmes pour lui, tant qu'il en joüiroit hors de la France.

Je lui proteſtai que je ne prétendois pas l'obliger à demi : Que je ferois tout ce qui dépendroit de moi pour trouver une occaſion de le renvoyer dans ſa chere patrie, & que c'étoit la moindre preuve qu'il devoit attendre de la reconnoiſſance que j'avois de tous les bons traitemens qu'il m'avoit faits dans un tems où il pouvoit me traiter en Eſclave. L'amitié que nous prîmes dès ce moment-là l'un pour l'autre, devint en peu de jours ſi forte, que nous commençames à vivre enſemble comme deux freres qui s'aiment tendrement. Nous le reçûmes Flibuſtier, de même que le Gentilhomme qui étoit avec lui, & ſans avoir égard à la datte de leur réception, nous partageâmes avec eux le butin, quoiqu'ils en fuſſent une partie.

Monneville avoit l'eſprit vif, plein de ſaillies. Ce qui le rendoit fort brillant dans la conversation. La joye de se revoir libre, & l'esperance de retourner peut-être bientôt dans son Pays, où il disoit avoir un beau Château d'un revenu assez considérable, lui firent reprendre tout l'enjoüement que je lui avois connu en Canada. Il nous amusoit si agréablement tous les jours par les histoires qu'il nous racontoit, que nous étions continuellement autour de lui, aussi attentifs à l'écouter, qu'une populace qui prête l'oreille aux discours d'un Charlatan.

Un jour qu'il étoit triste & rêveur contre son ordinaire, je lui dis : Monsieur le Comte, vous n'êtes plus avec nous ; vous songez sans cesse à votre retour en France ; vous comptez tous les momens qui le retardent. Ne m'en faites pas un crime, me répondit-il en soûpirant. J'ai fait dans ma patrie un établiſſement dont j'avois à peine goûté la douceur, lorſqu'un ordre abſolu m'a fait repaſſer en Canada, & de là je ſuis tombé dans les fers que vous avez briſez. Vous devez me pardonner l'impatience que j'ai d'aller eſſuyer les larmes d'une mere & d'une épouſe qui me ſont infiniment cheres.

Il s'attendrit en prononçant ces dernieres paroles, & comme il n'y avoit pas un Flibuſtier qui n'eût conçu de l'affection pour lui, nous fûmes tous ſenſibles à ſes peines. De peur de les irriter, nous le laiſſâmes s'occuper à loiſir du ſouvenir de ſa famille. Cependant nous étions tous curieux d'entendre le récit de ſes Avantures, & moi particulierement. Ainſi voyant le lendemain qu'il avoit repris ſa belle humeur, nous le conjurâmes de nous raconter l'hiſtoire de ſa vie. Meſſieurs, nous dit-il, vous me demandez un détail qui ne peut être que fort long. Vous vous repentiriez ſans doute de votre curioſité, ſi j'avois l'indiſcrétion de la ſatisfaire.

Plus Monneville ſe défendoit de contenter notre envie, plus nous le preſſions de ne nous pas refuſer ce plaiſir. Tous mes Camarades & moi nous lui fîmes voir tant d'opiniâtreté là-deſſus, qu'il ſe rendit à la fin à nos vives inſtances. Les Flibuſtiers firent autour de lui un cercle ſur notre Vaiſſeau :

Conticuere omnes intentique ora tenebant.

Et il commença ſon hiſtoire, ainſi qu'elle eſt écrite dans le Livre ſuivant.

Fin du ſecond Livre.

LES AVANTURES DU CHEVALIER DE BEAUCHÊNE.

LIVRE TROISIE'ME.

Monneville raconte la mysterieuse histoire de sa naissance. Il est élevé jusqu'à l'âge de douze ans sous un habit de fille au Château du Baron du Mesnil, avec Lucile l'unique heritiere de ce Seigneur. Un financier trompé par l'habillement de Monneville l'emmene à

Paris, sous prétexte de le placer auprès d'une Dame en qualité de femme de Chambre; mais ayant une autre vûë sur cette fausse Villageoise, il la met en pension dans un Convent, n'épargne rien pour son éducation, & lui propose enfin de l'épouser. Monneville pour se dérober à ses importunitez, cherche & trouve le moyen de sortir du Convent. Il prend un habit de Cavalier, fait la conquête d'une femme de Théâtre, & devient Commis d'un gros homme d'affaire, qui veut lui faire épouser sa fille par force. Monneville refuse d'y consentir. Sur son refus il est arrêté, conduit en prison, & dès le lendemain envoyé en Canada.

EN 1667. après la mort de Philippe IV. Roy d'Espagne, Louis XIV. voulant se faire justice & soutenir les droits qu'il avoit par la Reine

Marie Therese d'Autriche son Epouse, sur plusieurs Domaines des Pays-bas, se mit à la tête de ses Troupes. Il se rendit en Flandres avec une armée des plus brillantes.

Le Comte de Monneville qui s'étoit distingué dans les guerres précedentes, ne manqua pas de suivre ce Monarque & de se faire accompagner par ses deux fils, qui achevoient à Paris leurs exercices, l'un âgé de seize ans & l'autre de dix-sept. Il souhaitta que combattant à ses côtez dans une Compagnie de Cavalerie qu'il commandoit, ils vissent que si la noblesse Françoise fait par tout des prodiges de valeur, elle est sur tout invincible quand elle combat sous les yeux de son Roy. Le siege de Charleroy fut le premier de la campagne, & nos deux jeunes volontaires eurent le bonheur de s'y signaler par quelques

faits

faits d'armes que Mr. de Turenne lui-même ne dédaigna pas d'honorer de ses loüanges. Il fit plus, il dit obligeamment au Comte qu'il devoit moderer leur ardeur jusqu'à ce que l'experience leur eût apris qu'il faut dans des Officiers plus que du feu & de l'impetuosité.

Doüay, Tournay, Lisle & Oudenarde, ces Villes emportées dans cette même campagne rendirent public le Traité de la Triple alliance conclu avec la Hollande, l'Angleterre & la Suede. Le Comte qui observoit ses deux fils dans la plûpart de ces Sieges, s'appercevoit avec plaisir qu'ils étoient nés pour la guerre, & oubliant le conseil de Mr. de Turenne, il leur procuroit toutes les occasions qu'il pouvoit de l'apprendre. Il mettoit tous les jours leur courage à l'épreuve, sans songer qu'ils étoient trop jeunes

& trop délicats pour ſuporter impunément toutes les fatigues auſquelles il les expoſoit. Auſſi leurs forces s'épuiſerent à un point qu'ils tomberent malades & ne purent plus monter à cheval.

Leur pere voyant qu'ils avoient beſoin de repos, leur fit quitter l'armée & les renvoya à ſa Terre, où il comptoit de les aller rejoindre bientôt & de paſſer avec eux une partie du quartier d'hiver. Il ſe flattoit d'une fauſſe eſperance : Il ne penſoit pas qu'il ſervoit ſous un Roy qui ne diſtinguoit pas les ſaiſons quand il s'agiſſoit d'acquerir de la gloire. Louis marche vers la Franche-Comté au fort de l'hyver & fait en peu de temps la conquête de cette Province ; mais le ſiege de Dol devint funeſte à pluſieurs Officiers de marque, & entre autres au Comte de Monneville, qui reçut un coup de mouſquet dont il mourut.

Tandis que le pere expiroit devant Dol, ſon fils aîné dans ſa Terre tiroit à ſa fin : une maladie de langueur accompagnée de continuelles douleurs qu'une bleſſure mal panſée lui cauſoit, l'emporta, quelques remedes que le Chevalier ſon frere pût employer pour le guerir. Le Chevalier qui avoit une véritable amitié pour lui, pleuroit encore ſa perte, lors qu'il apprit le triſte ſort de ſon pere. Cette nouvelle mit le comble à ſa douleur. Quoi qu'en perdant ces deux objets ſi cheris il fut devenu maître de ſon bien, qui véritablement n'étoit pas fort conſiderable, il ne pouvoit ſe conſoler de ces deux événemens. Enfermé dans ſa maiſon il y menoit une vie ſi triſte, qu'il ſe ſeroit laiſſé mourir de chagrin, ſi le Marquis de Ganderon ſon voiſin l'eût abandonné à ſa mélancolie; mais ce bon Seigneur pour la diſſiper l'attiroit chez lui tous les jours & l'y retenoit le plus long-tems qu'il lui étoit possible par des amusemens qui modérerent insensiblement son affliction.

Le Marquis avoit une fille de douze à treize ans, fille unique, fort jolie, & qui devoit être un jour une des plus riches heritieres de la Province. Il l'aimoit tendrement & l'élevoit avec un soin qui tenoit autant du gouverneur que du pere : histoire sainte & profane, geographie, fable, blazon, tout ce qui pouvoit contribuer à en faire une personne accomplie, il le lui enseignoit lui-même, car il en étoit capable. En un mot, il s'occupoit entierement de son éducation. Ma fille, lui disoit-il souvent, ornez votre esprit tandis que vous êtes jeune, ménagez vous des talens qui vous fassent honorer & cherir de tout le monde ; les richesſes toutes ſeules ne ſçauroient vous rendre heureuſes, & quand elles le pourroient, ſongez que leur poſſeſſion n'eſt pas plus ſolide que celle de la beauté. Ces deux avantages ne ſont que des biens fragiles. Ce n'eſt point avoir un vrai merite que de n'en poſſeder qu'un dont la fortune peut vous priver. Un cœur vertueux, un eſprit cultivé, voilà les ſeuls biens qui ſoient à l'épreuve du temps & des revers.

Pour Madame de Ganderon, elle ne s'occupoit que du détail des affaires domeſtiques, ſe repoſant ſur ſon mary du ſoin de former les mœurs de ſa fille. Cette jeune Demoiſelle les entendoit ſi ſouvent l'un & l'autre plaindre le ſort du Chevalier devenu Comte par la mort de ſon frere, qu'elle prit auſſi beaucoup de part à ſon malheur. Elle le voyoit tous les jours, & plus elle s'apercevoit que ſes parens avoient d'égards pour lui, plus elle ſe croyoit obligée de contribuer de ſa part à ſa conſolation. Elle aimoit à ſuivre les bons exemples qu'on lui donnoit.

Elle crut pendant deux ans n'avoir pour le jeune Comte que la même compaſſion qu'avoient pour lui ſon pere & ſa mere, qui le traitant comme s'il eut été leur propre fils, la diſpoſoient ſans y prendre garde, à le choiſir pour ſon amant. D'un autre côté l'extrême retenuë que le Comte avoit auprès d'elle, lui procurant la liberté de la voir familierement, fit que ſans ſonger à s'en deffendre, il ſe laiſſa fortement enflammer; mais quelque ardent amour qu'il ſe ſentît pour Mademoiſelle de Ganderon, il eut long-tems la force de le condamner au ſilence, de peur de ſe broüiller, en le déclarant, avec le

Marquis & la Marquiſe. Cependant une conjoncture imprévûë lui arracha ſon ſecret.

Madame de Ganderon prit un jour ſa fille en particulier, & lui dit qu'un Préſident qui avoit quelques terres aux environs l'avoit demandée en mariage pour ſon fils aîné, & l'avoit obtenuë de ſon pere; mais qu'ils étoient convenus qu'à cauſe de la jeuneſſe de la future, ce mariage ne ſeroit celebré que dans deux ans, temps où le futur devoit entrer en charge. Mademoiſelle de Ganderon plus étourdie que charmée de cette nouvelle, ne ſachant que répondre, remercia ſa mere de la clauſe de deux ans, qu'elle diſoit être ſon ouvrage, & ſe retira dans le jardin fort rêveuſe & fort inquiete. Elle ne connoiſſoit pas le fils du Preſident, & elle deſiroit qu'il reſſemblât au jeune Comte. Là-deſſus elle commençoit à se plonger dans des reflexions qui la chagrinoient, sans qu'elle en sçût bien encore démêler la cause, quand Monneville l'aborda.

Elle sentit un mouvement de joye en remarquant que sa mere qui le suivoit s'étoit arrêtée pour donner quelques ordres, & profitant de l'occasion elle lui apprit en deux mots l'hymen projetté, puis sans lui laisser le temps de proferer une seule parole, elle lui demanda d'un air de vivacité si quand elle ne seroit plus dans le Château de ses parens, il y viendroit encore tous les jours, & s'il ne souhaiteroit pas quelquefois de l'y voir. Le Comte transporté de plaisir, lui dit en lui serrant la main, qu'il l'aimoit trop pour survivre un moment à sa perte.

Je ne sçais si la Marquise qui vint alors interrompre leur entretien ne leur rendit pas en cela un bon office; car après s'être ſi bruſquement fait une declaration mutuelle de leurs ſecrets ſentimens, ils demeurerent tout interdits. Ils ſe remirent pourtant bientôt l'un & l'autre, & ſi on les empêcha de continuer leur converſation, en récompenſe ils ſe lancerent tant de regards tendres & paſſionnez, qu'ils eurent ſujet tous deux d'être contents de leur journée. Ils en eurent encore de plus agréables dans la ſuite. Les amans, quand une fois ils ont oſé ſe dire je vous aime, font inſenſiblement bien du chemin. Ils reſſemblent aux perſonnes qui voyagent ſur mer, & qui ſe trouvent au bout du voyage ſans même s'être apperçûës qu'elles ont changé de place. Le Comte & ſa Maîtreſſe vivoient dans une parfaite intelligence. Ils paſſoient enſemble ſi tranquillement leurs jours, que celui de leur ſéparation arriva ſans qu'ils y euſſent ſeulement penſé.

Un matin que ce Gentilhomme venoit ſelon ſa coutume dîner chez le Marquis, il y trouva une ſi nombreuſe compagnie, qu'il jugea plus à propos de ſe retirer chez lui que de ſe mettre à table avec tant de gens qu'il ne connoiſſoit pas pour la plûpart. Il ne ſçavoit pas quelle compagnie il évitoit ; c'étoit la famille de ſon rival. Elle venoit pour conclure le mariage propoſé. Mademoiſelle de Ganderon qui n'avoit point encore vû l'époux qu'on lui deſtinoit, ne fut pas enchantée de ſa figure. Il n'étoit pas beſoin, à la verité, qu'elle fut prévenuë en faveur d'un autre, pour remarquer d'abord que le fils du Preſident n'étoit pas un ſujet fort agréable. Imaginez-vous un grand innocent d'Ecolier éflanqué & monté ſur deux jambes auſſi longues que menuës & ſans molet. Son eſprit répondoit parfaitement à sa personne : s'entretenoit-on devant lui des choses ordinaires, il gardoit un stupide silence ; si l'on vouloit qu'il parlât, il falloit le mettre sur l'histoire ou sur la fable, & il ne disoit pas dix mots françois sans y mêler quelque terme latin.

Un Amant de cette espece n'étoit guere propre à faire une tendre impression sur une fille aussi spirituelle que Mademoiselle de Ganderon. Neanmoins quoiqu'il lui déplût infiniment, bien loin de le lui témoigner par un air de froideur, elle eut la malice de feindre qu'elle prenoit beaucoup de goût aux expressions recherchées dont il se servoit. Elle poussa même la complaisance jusqu'à passer presque toute l'après-dinée à s'entretenir & à s'ennuyer en particulier avec lui. Il est vrai que le soir elle ne put s'empêcher de s'égayer à ses dépens devant toute la compagnie. Le Marquis de Ganderon pendant le ſouper lui demanda ſi elle étoit contente de la converſation du fils de Monſieur le Préſident. On ne ſçauroit l'être davantage, lui répondit-elle. Ce jeune Cavalier poſſede l'antiquité. Il m'a conté l'hiſtoire de Cyrus au berceau, & quoiqu'il ait parlé plus de deux heures, il a laiſſé le Prince à la liziere.

Cette plaiſanterie & pluſieurs autres pareilles divertirent toutes les perſonnes qui étoient à table, excepté le futur, qui trouvant mauvais que Mademoiſelle de Ganderon le voulût tourner en ridicule, ſe ſentit naître pour elle quelques mouvemens d'averſion. Malgré cela le lendemain le Marquis & le Préſident convinrent de tout. Quand les parens ſont ſatisfaits du côté du bien & de la naiſſance, ils ne ſe ſoucient guere du reſte.

Tandis que chez le Président Monsieur & Madame de Ganderon dressoient avec lui les articles du Contract, le Comte usant de la liberté qu'il avoit d'entrer chez le Marquis quand il lui plaisoit, y vint, & trouvant sa maîtresse toute seule, il apprit d'elle tout ce qui se passoit. Ils s'attendrirent tous deux : Mon cher Comte, lui dit Mademoiselle de Ganderon, c'en est fait, dès demain peut-être vous me perdrez. C'est donc demain que je dois perdre le jour, répondit l'amant : vous apprendrez ma mort avant que d'être dans les bras d'un autre. Que faut-il faire pour prévenir ce malheur, reprit la Demoiselle ? parlez, je suis capable de tout entreprendre pour me conserver à vous.

Ces discours ne manquerent pas d'être suivis d'une infinité d'autres semblables, & vous jugez bien que ces amans se voyant sans témoins dans l'endroit où ils étoient ne consulterent que leur amour sur le parti qu'ils avoient à prendre. Monneville n'en trouvoit qu'un, que son amante eut la foiblesse d'aprouver & dont bientôt après elle eut sujet de pleurer à loisir l'extravagance. Car dès le jour suivant le Marquis, pendant qu'il dînoit, reçut une Lettre de la part du Président; elle contenoit ces paroles: *Mon fils s'est dérobé de chez moy ce matin pour retourner à Paris. Il m'a écrit de la premiere poste un billet par lequel il me déclare qu'il renonce à Mademoiselle de Ganderon dont l'esprit railleur ne lui convient point du tout, & que si je prétends le contraindre à l'épouser malgré lui, il ira s'enfermer pour jamais dans une retraite où il sera à couvert de la tyrannie du pouvoir paternel. Je suis bien mortifié, Monsieur, d'un pareil contre-temps & je vous prie de recevoir les très-humbles excuſes que je vous fais du procedé de mon fils, en attendant que nous puiſſions prendre enſemble des meſures convenables.*

Si cette nouvelle cauſa d'abord beaucoup de joye à nos amans, l'inquietude ne tarda guere à mêler de l'amertume à leurs plaiſirs. Mademoiſelle de Ganderon s'apperçut peu à peu qu'elle avoit eu trop de complaiſance pour le Comte, & ſe repreſentant alors que l'état où elle étoit pourroit plutôt exciter la colere que la pitié du Marquis, elle ſe repentoit de ſon imprudence. Cette refléxion qu'elle auroit dû faire auparavant la mit dans la neceſſité de chercher quelque expedient pour dérober à ſes parens la connoiſſance d'une faute qu'elle auroit voulu ſe cacher à elle-même.

Elle tint ſur cela conſeil avec

ſon amant qui partageoit ſes allarmes, jugeant comme elle qu'il étoit très important pour l'ûn & pour l'autre que la famille ignorât leur indiſcretion. Pour cet effet il fut decidé que la Demoiſelle paroîtroit triſte & abbatuë, ce qu'elle auroit peu de peine à faire dans la conjoncture preſente : Qu'elle fuiroit les compagnies, & que ſous prétexte de l'affront que le fils du Préſident venoit de lui faire, elle demanderoit à ſe retirer dans un Convent pour quelques mois.

Elle joüa fort bien ſon perſonnage. Elle affecta d'être piquée au vif de la conduite du fils du Préſident, témoigna un extrême deſir d'entrer dans un Monaſtere, & ſa demande qui paſſa pour un dépit noble & généreux lui fut aiſément accordée. Monſieur de Ganderon écrivit à une couſine qu'il avoit à Paris, pour la prier de choisir dans cette grande Ville une maison religieuse où sa fille pût acquerir les petits talens qui manquoient à son éducation & qu'on ne pouvoit avoir en Province. La Dame de Paris lui fit réponse qu'elle se chargeroit volontiers de ce soin là ; mais qu'étant sur le point d'aller passer deux ou trois mois à la campagne, elle le conjuroit de remettre la chose à son retour, en l'assurant qu'elle lui en donneroit avis dès le lendemain de son arrivée à Paris.

La bonne Dame tint aussi exactement sa parole, que si elle eut deviné qu'il n'y avoit point de temps à perdre. Le Marquis & sa femme qui voyant leur fille languir d'impatience & d'ennui, craignoient qu'elle ne tombât malade, la firent partir sur le champ sous la conduite d'une vieille Gouvernante qui l'avoit élevée dès son enfance. Ils la menerent dans leur équipage jusqu'à la Ville voisine où l'on avoit retenu deux places dans le carosse public, & lui ayant dit adieu en mêlant leurs larmes à celles qui baignoient son visage, ils s'en retournerent fort tristes à leur Château.

Deux jours avant cette séparation le Comte & sa maîtresse avoient concerté ce qu'ils devoient faire pendant leur absence, & l'amante avoit conseillé à l'amant d'être plus assidu que jamais chez ses parens, pour deux raisons ; la premiere pour écarter tout soupçon, & la seconde pour être plus souvent dans un lieu qui le feroit ressouvenir d'elle.

Dans un moment, Messieurs, je vais paroître sur la scene. Vous vous y attendez bien, & je lis dans vos yeux que vous ne serez nullement surpris d'entendre ce que je vais vous dire. Mademoiselle de Ganderon ne faisoit ce voyage de Paris que pour mes beaux yeux ; elle vouloit que je reçusse la vie dans ce centre des douceurs qu'on peut gouter dans ce bas monde, dans ce cahos d'affaires mysterieuses, si favorable aux mariages clandestins.

Monneville fut interrompu dans cet endroit de son histoire par tous les Flibustiers, qui s'empresserent à lui faire compliment sur la tendresse furtive dont il étoit le digne fruit. Nous l'embrassames tour à tour, lui protestant que nous regardions comme une des plus grandes faveurs de la fortune le bonheur de posseder sur notre Vaisseau un fils de l'Amour. Il encherit lui-même sur nos plaisanteries ; après quoi, il reprit ainsi son discours.

Pour revenir à Mademoiselle de Ganderon que je pourrois dès à present appeller ma mere, elle se trouva seule dans la voiture avec ſa Gouvernante, & elle n'en fut pas fâchée, pouvant rêver plus facilement à ſes affaires. Elle ſe flattoit qu'elle feroit bientôt des connoiſſances à Paris, & qu'elle y pourroit trouver quelque perſonne diſcrette dont l'aſſiſtance lui ſeroit d'une grande utilité. Mais ſoit qu'elle ſe trompât dans ſon calcul, ou que le mauvais caroſſe dans lequel elle étoit l'incommodât, ſoit enfin que me ſentant mal à mon aiſe dans les flancs preſſez par un corps trop juſte, je jugeaſſe à propos de précipiter ma ſortie d'une ſi étroite priſon, la Dame ſur la fin de la ſeconde journée fut atteinte de quelques douleurs qui lui préſagerent l'approche de ma naiſſance.

Un petit Village ſitué comme exprès au milieu de la campagne pour la commodité des Voyageurs étoit deſtiné à l'honneur de me voir naître. L'hôteſſe du Cabaret étoit une jeune femme mariée depuis un an & accouchée d'une fille depuis deux jours. Mademoiselle de Ganderon l'alla trouver d'abord & lui glissant quelques écus dans la main lui découvrit son secret. L'hôtesse gagnée par cette petite liberalité s'offrit volontiers à servir ma mere & s'en acquitta le plus adroitement du monde. Elle lui donna une petite chambre auprès de la sienne, & fit coucher la Gouvernante dans une autre assez éloignée. Après avoir pris cette précaution elle envoya chercher sa Sage-femme que ma mere mit dans ses interêts de la même façon que l'Hôtesse.

Il étoit temps qu'il vint du secours : Les douleurs augmentoient de maniere que la personne qui les souffroit n'y pouvoit plus tenir. Je ne cessai de faire le petit diable à quatre que je n'eusse mes coudées franches ; & j'aurois alors tout gâté par mes cris, s'ils n'eussent pas été pris pour ceux de la fille de l'Hôtesse. J'eus le bonheur de crier tout seul, l'autre enfant n'ayant pas été tenté d'essayer un petit duo avec moi.

Cet accouchement fut des plus heureux, quoiqu'on n'eût point invoqué la triple divinité des Parques : & la Sage-femme qui ne quitta pas de toute la nuit la nouvelle accouchée, épuisa son art pour la mettre en état de soutenir les secousses du carosse. Pour gagner quelques heures de repos, on dit le matin au Cocher que Madame de Ganderon étoit indisposée & le prioit de differer un peu son départ. Il auroit été insensible à cette priere, si elle n'eut pas été accompagnée d'une pistole & d'un ordre de le faire bien déjeuner. Cela lui fit prendre patience & donna le loisir à ma mere de ſe préparer à partir avec moins de précipitation. Cependant les efforts qu'il lui fallut faire pour ſe lever & s'habiller auroient dû cauſer la mort à une perſonne auſſi délicate qu'elle, mais on voit tous les jours en pareil cas des traits de courage étonnants.

Avant que de ſe remettre en chemin elle entra dans la chambre de l'Hôteſſe, & lui ayant de nouveau demandé le ſecret, elle tira de ſa poche une bourſe où il y avoit une trentaine de Louis d'or qu'elle lui fit facilement accepter. Recevez cet argent, ma bonne, lui dit-elle, en attendant d'autres marques de ma reconnoiſſance & de celles d'un jeune Cavalier que vous verrez bientôt ici. Cherchez, je vous prie, une Nourrice pour mon fils & ne le perdez pas de vûë. Enſuite s'étant fait apporter du papier & de l'encre, elle traça quelques lignes ſur une feüille qu'elle cacheta de ſon cachet & dont elle chargea l'Hôteſſe, en lui diſant : Vous rendrez ce billet au Cavalier qui viendra vous trouver & qui vous montrera une autre Lettre de la même écriture & cachetée du même cachet. Lorſqu'elle eut ainſi parlé, elle voulut me voir, & après m'avoir baiſé en ſoupirant, elle remonta en caroſſe à l'aide de la bonne Gouvernante, & s'y plaça de façon qu'elle étoit à demi couchée.

On arriva tard au lieu où l'on devoit dîner ; elle y prit ſeulement un boüillon ſans ſortir de la voiture, & cinq ou ſix heures de repos dont elle joüit la nuit ſuivante, lui donnerent la force de ſe préſenter le lendemain à ſa tante, qui la voyant pâle & défaite, n'attribua cela pieuſement qu'à la fatigue du voyage.

Je ne doute pas, Messieurs, que le recit des couches de ma mere ne vous paroisse blesser un peu la vraisemblance. Il ne vous semble pas possible que cette scene se soit passée dans l'Hôtellerie sans que la vieille Gouvernante en ait eu la moindre comnoissance. Mais je vous ai fait ce detail tel que je l'ai entendu faire à ma Mere, qui ne m'a point dit si la Duegne fut ou ne fut pas du secret.

La joie d'être hors d'une affaire si délicate aida fort à rétablir promptement la santé de Mademoiselle de Ganderon, qui ne demeura pas long-temps avec sa tante, & voulut absolument qu'on la mît en pension chez des Religieuses. Elle fut conduite dans un Convent qu'il y avoit dans le voisinage, & l'on renvoya la vieille Gouvernante en Province selon l'ordre que le Marquis de Ganderon en avoit donné. Ma mere avant que de s'enfermer n'oublia pas d'écrire au Comte de Monneville à l'adreſſe dont ils étoient convenus. Elle lui mandoit de ſe rendre inceſſamment à l'Hôtellerie où elle m'avoit laiſſé, & l'inſtruiſoit de tout ce qu'il devoit faire pour parvenir à voir ſon ouvrage.

Mon pere impatient d'apprendre des nouvelles de ſa maîtreſſe, n'eut pas reçu ſa Lettre, qu'il partit & vola vers le lieu qui y étoit indiqué. Il demanda à parler à l'Hôteſſe, & s'étant fait connoître à elle pour le Cavalier qui prenoit plus d'interêt à ce qui s'étoit paſſé chez elle la nuit qui fut la premiere de ma vie, il la pria de lui conter toutes les circonſtances de cette avanture; ce qu'elle n'eut pas achevé de faire, qu'il s'informa ſi je vivois encore & où j'étois, témoignant une extrême envie de me voir. Alors l'Hôtesse reprenant la parole, lui dit : Monsieur, je vais vous confier un secret de la derniere consequence, & je vous supplie très-humblement de le garder. Mon pere le lui promit, & elle continua son discours de cette sorte.

Madame votre épouse en partant de chez moi me recommanda d'avoir grand soin de son fils, & de ne le pas perdre de vûë. Tandis que je lui faisois chercher une bonne Nourrice par la Sage-femme, je le tins dans mon lit le jour entier & la nuit suivante. Je ne sçai si je m'agitai trop en dormant, mais il est certain qu'à mon réveil je sentis un des deux enfans mort à mes côtez. Ah Ciel, s'ecria le Comte en frémissant, mon fils n'est plus ! Il vit encore, répondit l'Hôtesse écoutez-moi s'il vous plaît sans m'interrompre.

Je me levai promptement ; pourſuivit-elle, je fermai ma porte au veroüil, & revenant à mon lit, je reconnus que c'étoit ma fille que j'avois étouffée. Je m'étois aperçuë que mon époux, qui par hazard alors étoit abſcent, avoit eu plus d'affection pour moi depuis ma groſſeſſe. Ma fille étoit notre premier enfant ; par ſa mort je craignis de perdre les bonnes graces de ſon pere. Je pris mon parti ſans héſiter. J'enterrai ma fille dans un caveau abandonné, & je pris à ſa place votre fils. Je trompai ma Confidente elle-même, quand elle me vint avertir qu'elle avoit trouvé une nourrice. Je lui fis une fauſſe confidence, en lui diſant qu'une perſonne inconnuë étoit venu ſecrétement chercher le petit garçon de la part de ſa mere. Ainſi, Monſieur, ajoûta-t-elle, cet enfant que vous voyez & que j'appelle ma fille, eſt votre fils, ou du moins celui de la Dame qui m'en a chargée. A ces mots, le Comte me prit entre ſes bras, & me donna cent baiſers en répandant ſur mon viſage des larmes qui rendoient témoignage de la joye dont ſon cœur étoit pénétré.

Il demeura dans l'Hôtellerie pluſieurs jours, pendant leſquels il fit ſouvent répeter à l'Hôteſſe la pitoyable hiſtoire de ma naiſſance, & m'accabla de careſſes. Enfin lorſqu'il partit pour s'en retourner chez lui, il fit préſent à cette femme de tout ce qu'il avoit dans ſes poches d'argent & de bijoux, me recommanda fortement à ſes ſoins, & s'éloigna de moi plus lentement qu'il ne s'en étoit approché.

Quand il fut de retour dans ſa Terre, il ne manqua pas de vouloir mander à ſa chere Maîtreſſe en termes couverts, ce qui s'étoit passé entre l'Hôtesse & lui, mais une seconde lettre qu'il reçut de ma mere l'en empêcha. Elle lui défendoit absolument de lui écrire, ayant été avertie en entrant au Convent, que les lettres adressées aux Pensionnaires étoient arrêtées & envoyées à leurs parens. Pour profiter de cet avis qui n'étoit pas en effet à négliger, il renonça au commerce de lettres, dans la douce esperance que Mademoiselle de Ganderon & lui ne seroient pas long-tems séparez.

Il vint plus d'une fois me voir pendant la premiere année, sous prétexte d'une affaire qu'il disoit avoir avec un Gentilhomme voisin. Il demeuroit à l'Hôtellerie quelquefois plusieurs jours, & pendant qu'il y étoit, il me tenoit sans cesse entre ses bras. Je fus sevré de bonne heure, parce que ma jeune nourrice ne crut pas devoir par amitié pour moi se dispenser de donner à son mari une nouvelle preuve de sa fécondité. Je ne m'en portois pas plus mal pour cela. J'avois un tein vermeil, un embonpoint merveilleux, tout le monde lui faisoit compliment sur ma beauté.

Cette femme eut un second enfant qui ne vêcut pas plus longtems que le premier, & trois semaines après elle fut retenuë pour être nourrice de celui dont la Baronne du Mesnil étoit sur le point d'accoucher. Le Baron étoit un Seigneur qui avoit une Terre auprès du Village, & qui depuis neuf ou dix mois avoit épousé une jeune & riche orpheline, dont il étoit devenu amoureux. J'allai avec l'Hôtesse demeurer au Château du Mesnil, & nous laissâmes l'Hôte son mari dans l'Hôtellerie. A peine fûmes-nous chez le Baron, que la Baronne mit au monde une fille avec laquelle on m'éleva.

Il arriva dans ce tems-là du changement au Château de Ganderon. La Marquiſe mourut, & cet évenement fut cauſe que le Marquis prit la réſolution de laiſſer ſa fille au Convent, juſqu'à ce qu'il trouvât l'occaſion de la marier ſelon ſes vûës, c'eſt-à-dire, à un Gentilhomme qui eût des biens conſidérables, car il n'étoit pas homme à vouloir accepter pour gendre le Comte de Monneville, quelque eſtime & quelque amitié qu'il eût pour lui. Mon pere & ma mere qui ſçavoient bien les ſentimens de M. de Ganderon là-deſſus, n'attendoient leur bonheur que du Ciel.

Les choſes étoient dans cet état, lorſque l'on apprit dans la Province * que l'Eſpagne venoit

* 1684.

de ſe joindre à l'Empereur & aux Hollandois contre la France. Toute la Nobleſſe prompte à courir au ſecours de ſa patrie, ſe mit en mouvement. Mon pere fils d'un homme qui avoit acquis de la réputation à la guerre, ne put ſe diſpenſer de s'y préparer. Son peu de bien ne lui permettant pas d'avoir un grand équipage, il partit avec un valet de chambre & un laquais. Il prit auparavant congé du Marquis, & vint faire un tour au Village pour me voir. Il fit ſi bien qu'il eut un ſecret entretien avec ma nourrice. Elle lui dit ſur quel pied j'étois au Château du Meſnil, & elle lui parut ſi attachée à moi, qu'il ſe ſentit conſolé de la neceſſité de s'éloigner de ſon fils peut-être pour long-tems. Après avoir donné quelque argent à cette femme, pour l'engager à redoubler ſes ſoins pour ma petite perſonne, il ſe rendit à l'armée, ou plûtôt à Rheims, où elle devoit s'aſſembler ſous les ordres de M. de Turenne.

Le Marquis de Bourlemont qui connoiſſoit & aimoit mon pere, fut ravi de le revoir, & le reçut Volontaire dans ſon Régiment. Il le préſenta même au General, qui l'ayant reconnu, ſe fit un plaiſir d'occuper ſon courage, en l'employant aux divers Siéges qui ſe firent ſur les Terres du Marquis de Brandebourg, & qui furent pouſſez ſi vigoureuſement, que cet Electeur effrayé ſe retira bien avant dans l'Allemagne, & demanda à garder la neutralité.

La certitude où étoit le Comte que la bravoure ne manquoit pas de récompenſe ſous un General tel que M. de Turenne, & la flateuſe eſperance d'acquérir aſſez de gloire pour mériter de paroître au Marquis de Ganderon digne de ſon alliance, lui firent faire des choſes ſurprenantes. C'eſt ainſi que de tout tems & en tous états, on a vû de grandes actions produites par l'amour. Le deſir de plaire aux femmes a fait de vaillans guerriers. Le Comte de Monneville dans une affaire où fut tué le Marquis de Bourlemont, ſe ſignala par des exploits que vous auriez admirez vous-même, Meſſieurs, tout accoutumez que vous êtes aux actions téméraires. Mais enfin le Comte fut fait priſonnier, & ne recouvra la liberté qu'à la Paix de Nimegue.

Depuis que ma nourrice étoit devenuë celle de la fille du Baron du Meſnil, au lieu de m'aimer moins qu'auparavant, elle ſembloit avoir plus de tendreſſe pour moi. Le Baron de ſon côté très-ſatisfait de cette femme, pour lui témoigner ſa reconnoiſſance me faisoit mille caresses, & ne mettoit presque aucune différence entre sa propre fille & moi. Il souffroit qu'elle m'appellât sa sœur, & tous les domestiques à son exemple, nous confondoient ensemble. Loin d'abuser des attentions que l'on vouloit bien que je partageasse avec Lucile, c'est ainsi que se nommoit la fille de ce Seigneur, j'apportai tous mes soins pour gagner son affection, & j'y réüssis de façon que dans nos petits jeux, elle trouvoit mauvais que j'eusse pour elle les déferences que je lui marquois. Je la gênois par mon respect.

Ma prétenduë mere, qui ne nous étoit pas plus à l'une qu'à l'autre, s'appercevant de l'attachement que j'avois pour Lucile, se proposa de veiller sur nous. Nos familiaritez, quoique innocentes, ne laissoient pas de l'allarmer. Elle craignoit que le hazard ne découvrît mon ſexe, qui m'étoit inconnu à moi-même ; & dans cette crainte, elle ne ceſſoit de nous prêcher la pudeur ; ce qui faiſoit tant d'impreſſion ſur nos jeunes cervelles, que nous nous cachions très-ſoigneuſement pour les moindres petits beſoins. En un mot, j'étois continuellement ſous ſes yeux pendant le jour, & je couchois la nuit avec elle.

Notre amour augmentoit plus vîte que le nombre de nos années, & quand je me rappelle certains traits de mon enfance, je conclus que cette paſſion ne connoît point d'âge où elle ne faſſe ſentir ſon pouvoir. Ma nourrice m'avoit accoutumé à baiſer la main de M. le Baron quand il me donnoit quelque choſe ; j'obſervois auſſi cette ceremonie reſpectueuſe avec ma petite ſœur, qui étoit ſi perſuadée que j'y trouvois du plaiſir, que lorſqu'on m'avoit punie ou que j'avois quelque autre chagrin, elle m'apportoit avec empreſſement ſa main à baiſer. Trente-cinq ans n'ont point effacé de ma mémoire mille ſemblables minuties, qui prouvent démonſtrativement que nos cœurs étoient faits l'un pour l'autre, & qu'ils ſeroient un jour unis comme ils l'ont en effet été depuis, & le ſont encore malgré la cruauté du ſort qui nous tient ſéparez.

Je paſſai de cette ſorte mes premieres années au Château du Meſnil, & il y en avoit déja cinq que ma nourrice n'avoit point entendu parler du Comte de Monneville mon pere. Elle le crut mort, & cependant elle ne diminua rien de l'amitié qu'elle avoit pour moi. Il eſt vrai qu'elle avoit interêt de tromper encore ſon mari, qui me regardant comme ſa fille unique, me chériſſoit autant que ſi je l'euſſe été véritablement. Elle attendoit pour le tirer d'erreur, que je fuſſe dans un âge plus avancé.

Un ſoir le Baron du Meſnil ſortit de ſon Château, ſelon ſa coutume, pour tirer un Lapin, & ne revint que long-tems après. Il défendit en arrivant qu'on lui éclairât, & il ſe rendit à ſon appartement à pas précipitez. Quoiqu'il n'y eût point de lumieres ſur ſon paſſage, on ne laiſſa pas de remarquer qu'il rapportoit deux fuſils. Il en mit un dans ſon cabinet, & ſortant avec l'autre à l'inſtant même, il déclara qu'il ne viendroit point ſouper. Il ne rentra que fort tard, ſans dire où il avoit été ; & quand il fut dans ſon appartement, il ne voulut pas contre ſon ordinaire permettre qu'on le deshabillât Ce qui donna bien à penſer à tous ſes domeſtiques, dont l'imagination eut encore plus beau jeu le lendemain matin, lorſqu'ils virent ſur ſon linge des taches de ſang, dont il ne s'étoit pas apperçu lui-même. Chacun fit là-deſſus ſes réflexions, & s'imagina ce qu'il voulut.

Deux jours après le mari de ma nourrice la vint trouver au Château, & lui dit en particulier, qu'il étoit inquiet de ce que ce Monſieur n'étoit pas revenu coucher dans l'Hôtellerie les deux nuits précédentes. Quel Monſieur, lui répondit ſa femme d'un air étonné ? Ce Monſieur, reprit-il, qui venoit ſi ſouvent chez nous il y a cinq ou ſix ans. Ce brave homme qui paroiſſoit tant nous aimer. . . là, tu ne te ſouviens pas ? . . Cet habit galonné qui donnoit toûjours quelques douceurs à notre petite fille.

Ma nourrice à ce portrait reconnut ſans peine l'original, & preſſa ſon mari de lui apprendre pourquoi le Cavalier dont il parloit lui cauſoit de l'inquiétude. C'eſt que cet honnête homme, lui dit l'Hôte, arriva dans le Village avant hier, & vint deſcendre chez moi. Il me demanda de vos nouvelles, & de celles de notre enfant. Enſuite ayant pris mon fuſil, il ſortit de l'Hôtellerie, en diſant qu'il alloit faire un tour dans le bois du Meſnil, après quoi il reviendroit ſouper & coucher chez moi. Mais je ne l'ai point revû depuis, & cependant ſon cheval eſt toûjours dans mon écurie.

Vous concevez-bien l'impreſſion que ce diſcours fit ſur ma nourrice. Elle frémit d'effroi, & ſe laiſſa prévenir du plus noir preſſentiment. Elle chargea ſon mari de s'informer ſecretement ſi perſonne n'avoit vû ce Cavalier, tandis que de ſon côté elle en feroit des perquiſitions. Toutes leurs recherches furent inutiles. Au bout de trois jours, comme l'Hôte n'avoit point paru au Château, ſa femme impatiente de ſçavoir s'il n'avoit eu aucunes nouvelles du Gentilhomme en queſtion, réſolut de ſe rendre au Village pour entretenir ſon mari là-deſſus. Nous accompagnâmes notre nourrice Lucile & moi, le chemin n'étant pas ſi long que nous ne puſſions le faire en badinant. Je m'en ſouviens encore parfaitement bien : nous marchions devant elle, ma ſœur & moi, en traînant un petit chariot qu'un domeſtique nous avoit fait.

Quand nous fûmes au milieu d'un bois qui ſépare le Château d'avec le Village, la nourrice nous fit prendre un ſentier de traverſe pour abreger notre chemin. Mais après avoir fait environ vingt pas, deux petits chiens qui étoient avec nous s'arrêterent tout à coup, & se mirent à aboyer comme s'ils avoient vû quelque animal contre lequel ils eussent eu besoin de secours. Cela nous fit peur à Lucile & à moi, & nous courûmes nous ranger sous l'aîle de notre nourrice, qui s'avança vers les chiens pour voir ce qui les faisoit aboyer & même hurler. Elle remarqua qu'une petite élevation de terre nouvellement remuée, bien battuë avec les pieds, & couverte de brossailles rangées avec art, étoit la cause de ces hurlemens.

Elle eut peur à son tour, & comme la perte du Comte lui avoit déja rempli l'esprit d'idées tragiques, quelques gouttes de sang qu'elle apperçut sur des pierres, acheverent de lui donner des soupçons, dont elle alla promptement faire part à son mari. Il ne les trouva pas mal-fondez, & il ne tarda guere à les éclaircir. Il vint avec nous dans le bois, ſous prétexte de nous conduire au Château. Sa femme lui montra l'endroit où les chiens s'étoient arrêtez, & ſur lequel ils recommencerent à hurler. Alors l'Hôte donna quelques coups de pioche, & il n'eut pas levé un demi pied de terre, qu'il découvrit le cadavre, & reconnut l'habit du Cavalier dont il étoit en peine. La nourrice ne douta point que ce meurtre ne fût l'ouvrage du Baron. Elle jugea que ce Seigneur, dont elle connoiſſoit l'humeur violente, ayant rencontré près de ſon Château ce malheureux Gentilhomme qui chaſſoit, avoit crû que c'étoit pour l'inſulter, l'avoit tué d'un coup de fuſil, & enſuite enterré. L'Hôte eut la même penſée; mais loin de vouloir s'expoſer au reſſentiment du

Baron, en publiant cette découverte, il se promit bien de la tenir secrette. Il recouvrit de terre le cadavre, & remit les broussailles dessus comme elles étoient auparavant, pendant que sa femme nous remena au Château Lucile & moi. Elle retourna un moment après sur ses pas, rejoignit à la hâte son mari, & alla s'enfermer avec lui dans l'Hôtellerie pour ouvrir la valise du Cavalier assassiné.

Ils n'y trouverent point d'argent; il n'y avoit dedans que des papiers, un mémoire des dettes qu'il avoit contractées en Allemagne, quelques lettres de Mademoiselle de Ganderon, & entre autres celle dont elle avoit chargé ma nourrice avec ordre de la remettre à mon pere. Je les ai vû depuis toutes entre les mains de ma mere, à qui cette bonne femme se voyant près de mourir, les rendit en lui apprenant toutes les circonſtances que je viens de vous rapporter.

Nous interrompîmes encore tous Monneville dans cet endroit pour déplorer le ſort de ſon pere. Ce qui fournit à quelques Flibuſtiers ſérieux une occaſion de moraliſer ſur l'inſtabilité du bonheur de l'homme ; mais les autres prenant peu de goût aux réflexions morales, comme gens préparez à tous les évenemens de la vie, preſſerent Monneville de continuer ſon hiſtoire. Il en reprit ainſi le fil.

Je perdis donc mon pere dans le tems peut-être qu'il venoit me rejoindre pour ne me plus quitter. Sa mort n'altera point l'attachement que ma nourrice avoit pour moi. Tout le changement que je trouvois dans ſes manieres à mon égard, c'eſt qu'elle me ſembloit plus triſte qu'auparavant, & que quelquefois ſans me parler elle laiſſoit couler des pleurs en me regardant. Elle me recommandoit ſouvent de m'appliquer à la lecture, & plus encore à l'écriture, ſans me dire la raiſon particuliere qu'elle avoit que je ſçûſſe bien écrire. Je ne l'ignorai pourtant pas long-tems; car cette femme étant devenuë veuve cinq ou ſix mois après la mort de mon pere, me prit un jour en particulier & me parla dans ces termes.

Mon cher enfant, quoique vous ſoyez encore bien jeune, je vous trouve ſi raiſonnable, que je ne veux pas tarder davantage à vous faire une confidence qui vous regarde toute ſeule, & dont notre bonheur dépend. Mon mari, qui me laiſſe ſans bien par ſa mort, me met hors d'état de faire pour vous ce que je ſouhaiterois, & de vous marquer juſqu'à quel point je vous aime. La protection de M. le Baron est l'unique ressource qui me reste, & non-seulement vous me la ferez perdre, mais vous m'exposerez à recevoir de la part de ce Seigneur les plus rigoureux traitemens, si vous ne suivez pas les conseils que je vous donnerai. Il vous puniroit aussi avec moi. Il faut donc par une conduite prudente ménager encore pendant quelques années ses bontez. Cela m'engage à vous reveler bien des choses dont voici la principale : vous n'êtes point une fille. J'ai si bien veillé sur vous que je suis sûre que vous l'avez ignoré jusqu'à ce moment. C'est à cacher votre sexe que je vous prie d'apporter tous vos soins. C'est cet article important qui m'oblige à vous faire de grandes confidences malgré votre jeunesse.

Je viens, poursuivit-elle, de

vous apprendre que vous n'êtes point fille, ſachez outre cela que je ne ſuis pas votre mere, & que vous n'avez point perdu un pere dans mon mari. Je ne puis vous en dire davantage aujourd'hui. Si vous pouvez vous conſerver l'aſile que vous avez dans ce Château, je vous découvrirai le reſte des choſes dont il n'eſt pas encore tems de vous inſtruire. Voyez, mon enfant, ſi vous vous ſentez capable de profiter de mes avis. Si vous voulez me ſeconder, je conſens d'avoir ſoin de vous juſqu'à ce que vous puiſſiez vous paſſer de moi. Si au contraire vous me donnez ſujet de craindre que votre imprudence ne m'attire ici quelque mauvaiſe affaire, je ſerai obligée de vous abandonner.

Ma nourrice en me tenant ce diſcours, remarqua que j'en étois fort étonné. Elle ſe ſentit ſaiſir d'un mouvement de pitié. Elle me tendit les bras en pleurant. Je lui ſautai au cou, & lui promis de faire abſolument tout ce qu'elle deſireroit.

Elle ſe trompa ſi peu dans l'opinion qu'elle avoit de mon eſprit diſcret, que depuis ce jour-là elle fut contrainte de me gronder pour m'obliger à prendre quelque recréation avec Lucile. Je n'étois plus cette petite ſœur qui ſe montroit toûjours prête à rire & à joüer. La différence que je commençai à ſentir qu'il y avoit de ſon état au mien, m'ôta tout d'un coup cet enjoüement qui la divertiſſoit auparavant. La tendreſſe que j'avois pour elle ne diminuoit point, mais elle devenoit plus timide & plus reſpectueuſe.

Trois mois après la mort du mari de ma nourrice, une maladie violente emporta bruſquement la Baronne du Meſnil. On ne ſçut pas ſi-tôt que le Baron étoit veuf, qu'on lui fit proposer les meilleurs partis de la Province. Le Marquis de Ganderon fut un des premiers qui souhaiterent son alliance. De son côté, le Baron du Mesnil, à qui un Gentilhomme ami du Marquis, parla de cette affaire comme de lui-même, trouva l'héritiere de M. de Ganderon un parti si avantageux, qu'il monta sur le champ en carosse avec l'ami commun, pour l'aller demander en mariage au Marquis. La négociation fut bientôt terminée. Ces deux Seigneurs convinrent facilement de tout, & arrêterent entre eux qu'ils iroient incessamment à Paris pour voir si la Demoiselle conviendroit au Baron.

Ils ne tarderent point à faire ce voyage avec le Gentilhomme médiateur, & la personne de Mademoiselle de Ganderon plût infiniment au Cavalier qui la recherchoit. Il n'eut pas beſoin de la voir deux fois pour en devenir plus amoureux qu'il ne l'avoit jamais été de ſa premiere femme ; & il ne ſongea plus qu'à hâter ſon ſecond mariage. Cependant la nouvelle épouſe avoit perdu une partie de ſes charmes par les chagrins continuels qu'elle avoit eus & qu'elle avoit encore ; car n'entendant plus parler de Monneville, elle jugeoit qu'il devoit être mort, & cette penſée lui donnoit un air de triſteſſe qui ne relevoit pas l'éclat de ſa beauté.

Lorſque le Marquis ſon pere lui déclara qu'il l'avoit promiſe au Baron du Meſnil, elle voulut inutilement le prier de lui permettre de renoncer au monde, il n'eut aucun égard à ſa priere qu'il regarda même comme un effet des tentatives que les Religieuſes avoient apparemment faites pour la ſéduire. Il lui repréſenta d'un air d'autorité qu'un époux tel que le Baron, étoit préférable à la vie Monaſtique, & qu'en un mot la choſe étoit réſoluë. Alors voyant qu'elle ne pourroit oppoſer qu'une réſiſtance inutile aux ordres abſolus de ſon pere, elle ſe diſpoſa docilement à lui obéïr. Elle ſortit du Convent, & ſe laiſſa entraîner deux jours après de Paris au Château de Ganderon, où les nôces ſe firent ſans aucune pompe.

Quelque impatience qu'eut le Baron d'emmener chez lui ſa chere épouſe, il ne laiſſa pas d'avoir la complaiſance de faire un aſſez long ſéjour chez M. de Ganderon. Mais il prit enfin congé de lui pour ſe rendre au Château du Meſnil, où il entra au bruit d'une douzaine de coups de fuſil que tirerent les habitans du Village, pour célebrer l'heureux retour de leur Seigneur, & l'arrivée de la nouvelle Baronne. Il fallut recevoir & rendre les visites de toute la Noblesse des environs ; ce qui occupa plus de huit jours Madame du Mesnil. Elle n'avoit pas encore eu le loisir de faire quelque attention à Lucile, mais elle s'y attacha bientôt, & loin d'avoir pour elle les airs aigres d'une marâtre, elle la traitoit avec une douceur & une bonté qui ravissoient le Baron.

Plus ma nourrice consideroit cette jeune Dame, & plus elle trouvoit qu'elle ressembloit à celle qui s'étoit débarrassée dans son Hôtellerie d'un fardeau incommode. Elle n'osoit néanmoins se fier à ses conjectures, & elle se proposa de les approfondir finement. Pour ma mere, il est certain qu'elle ne reconnut point du tout ma nourrice, & ne la soupçonna nullement de l'être, quoiqu'elle n'ignorât pas qu'elle étoit

Tom. I. pag. 328.

Bonnard del. J.B. Scotin Sculp.

dans le Village qui m'avoit vû naître. Lucile toutefois lui donna lieu par hazard de penſer qu'elle étoit en pays de connoiſſance, & que ſa nourrice pouvoit être cette même Hôteſſe à qui elle m'avoit confié. Cette circonſtance mérite bien que je vous en faſſe le rapport.

La Baronne un jour étoit dans ſon cabinet un livre à la main, quand Lucile ſuivie de ma nourrice & de moi entra & courut à elle en lui diſant : ma chere mere, voulez-vous bien que ma bonne amie vous faſſe la révérence ? Entrez, mon enfant, entrez, me dit la Baronne, ne croyant pas ſi bien dire, l'amitié que ma fille a pour vous vous répond de la mienne ; approchez. Je m'avançai vers elle pour lui débiter un petit compliment que j'avois préparé à l'aide de ma nourrice ; mais je me troublai ſans ſçavoir pourquoi, & je demeurai court. Il seroit ridicule d'attribuer à l'instinct ce désordre de mes sens, qui sans doute n'étoit qu'un effet de ma timidité. La Baronne en jugea de même, & pour m'engager à parler, elle me demanda quel âge j'avois, & si j'étois fille unique. Je répondis qu'oüi, & ma nourrice prenant alors la parole, lui dit avec une feinte ingénuité : Hélas, Madame, elle n'en sera pas plus riche. Si mon époux vivoit encore, elle pourroit un jour avoir quelque bien. Nous avons tenu Cabaret dans le Village pendant plusieurs années, & nous ne faisions pas mal nos affaires ; mais j'ai eu le malheur de le perdre, & sans les bontez de M. le Baron, nous serions ma fille & moi fort à plaindre.

La nourrice en parlant ainsi observoit attentivement la Baronne pour voir si cette Dame en l'écourant ne tourneroit point par quelque démonstration son doute en certitude. Ma mere évita ce piége ; aucune altération ne parut sur son visage. Elle déplora d'un air tranquille le sort de l'Hôtesse, qui s'imaginant qu'elle s'étoit trompée dans le jugement qu'elle avoit porté de la Baronne, cessa de trouver de la ressemblance entre elle & ma mere.

Après cet entretien, Madame du Mesnil étant restée seule dans le cabinet, admira comment elle avoit pû ne se point trahir en reconnoissant un témoin de sa honte. Cette pensée la fit pâlir & rougir successivement. Si la nourrice l'eut vûë alors, elle auroit sçû à quoi s'en tenir. Les discours que ma mere venoit d'entendre la jetterent dans une profonde rêverie. Elle ne pouvoit douter que la personne qui les lui avoit tenus ne fût cette même Hôtesse à qui elle avoit confié le ſoin de mon enfance ; mais elle étoit bien éloignée de croire que c'étoit ſon fils qu'elle venoit de voir ſous un habit de fille. Elle jugea que j'étois mort, ou que mon pere m'avoit retiré des mains de ma nourrrice pour me faire élever ailleurs. A cette réfléxion, elle en faiſoit ſucceder une autre. Le Comte de Monneville n'eſt plus, diſoit-elle, puiſqu'il y a ſi long-tems que je n'ai reçû de ſes nouvelles. Le pere & le fils m'inquiétent également.

Il ne tenoit pourtant qu'à elle d'apprendre ce qu'ils étoient devenus l'un & l'autre. Il ne falloit pour cela que ſe découvrir à l'Hôteſſe dont elle avoit éprouvé la diſcrétion. Néanmoins il ne lui fut pas poſſible de ſe réſoudre à riſquer cette démarche. Quoiqu'au fond de ſon ame elle ſentit un deſir violent de ſçavoir notre deſtinée, ſa vertu qui lui en faiſoit un ſecret reproche le combattoit ſans ceſſe. L'épouſe du Baron du Meſnil croyoit devoir penſer autrement que Mademoiſelle de Ganderon, & ſacrifier au devoir l'amour & la nature, pour être malheureuſe du moins ſans l'avoir merité.

Elle prit même le parti d'éloigner du Château ma nourrice, pour n'avoir plus devant les yeux une femme qui lui rappelloit des images qu'elle n'avoit que trop de peine à bannir de ſa mémoire. Pour ſe défaire d'elle honnêtement, & ſans qu'elle parut y avoir part, elle engagea le Baron à la renvoyer au Village tenir encore Hôtellerie, avec une ſomme ſuffiſante pour cet établiſſement, ſous prétexte de la récompenſer de ſes ſervices. Lucile à qui l'on donna une nouvelle Gouvernante, me vit à regret ſortir du Château avec ma nourrice. Je ne fus pas moins affligé qu'elle de notre séparation ; mais le mal étoit sans remede.

L'Hôtesse se remit donc en train de faire son premier métier. Quoiqu'elle n'exigeât de moi que ce que je pouvois faire aisément, & qu'elle me recommandât de m'attacher à l'écriture, persuadée qu'avec cette ressource, je ne manquerois jamais de pain, je ne laissois pas de lui être d'une assez grande utilité dans son ménage. Je lui valois trois servantes comme celle qu'elle avoit. Cependant je devenois plus mélancolique à mesure que j'avançois plus en âge. Je faisois déja des réflexions, & surtout une qui m'attristoit infiniment. C'étoit le mystere de ma naissance ; car ma nourrice en m'avoüant que je n'étois pas son fils, ne m'apprenoit point qui étoit mon pere, & je demeurois incertain de mon état.

Quelquefois m'imaginant qu'elle m'en avoit dit aſſez pour concevoir de ma famille une opinion avantageuſe, j'avois la vanité de me croire d'un ſang des plus nobles ; & dans les mouvemens orgüeilleux que cette penſée flateuſe m'inſpiroit, je brûlois d'envie d'être à Paris habillé d'une maniere convenable à mon ſexe & à la nobleſſe que mon imagination me prêtoit. Juſqu'où n'alloient pas les chimeres dont mon eſprit prenoit plaiſir à ſe repaître ? Je me flatois que je ne ſerois pas arrivé dans cette Ville, que j'y rencontrerois une perſonne de conſidération qui me reconnoîtroit pour ſon fils, & que cette reconnoiſſance ſeroit ſuivie d'une parfaite félicité. Il eſt vrai que des idées ſi agréables faiſoient bientôt place à d'autres qui rabattoient un peu mes fumées. Je me repréſentois qu'un garçon de douze ans ſans amis & ſans connoiſſances, ſeroit fort embarraſſé de ſa perſonne à Paris ; mais l'eſperance plus forte que la crainte, me ramenoit toûjours au deſir d'aller chercher fortune dans cette grande Ville.

Un jour il paſſa par notre Village un Financier, qui s'arrêta dans l'Hôtellerie. Il avoit un bon équipage & beaucoup de monde à ſa ſuite. Nous lui préparâmes à dîner le mieux qu'il nous fut poſſible, & quand il fallut compter ſa dépenſe, je pris une plume & de l'encre, & fis la carte d'un air ſi aiſé que cela le ſurprit. Il loüa mon écriture ; puis il ſe mit à me conſidérer avec attention, & me trouvant une phiſionomie ſpirituelle avec quelque beauté, il me fit pluſieurs queſtions. J'y répondis d'une façon qui l'étonna. C'eſt dommage, me dit-il, qu'une jolie fille comme vous ſoit ensevelie dans un Village. Oh, dame, Monsieur, lui répondis-je, j'en suis assez fâchée ; mais que voulez-vous que j'y fasse ? Je serois charmée d'être auprès d'une bonne Dame, je sens que je la servirois si bien qu'elle m'aimeroit, & feroit ma petite fortune. Si vous souhaitez, reprit-il, d'être placée de cette sorte, vous n'avez qu'à parler. Je vous mettrai dans ma famille même. J'ai une parente d'une humeur douce & d'un caractere excellent. Vous serez à merveilles auprès d'elle. Je m'offre à l'engager à vous prendre, & je puis vous assurer qu'elle se chargera volontiers du soin de vous établir avantageusement.

J'acceptai les offres du Financier avec des protestations de reconnoissance qui furent accompagnées de remerciemens de la part de l'Hôtesse, & je remarquai que mon homme d'affaires mordoit à la grappe. Faites-y bien réflexion, votre mere & vous, me dit-il, je repasserai dans quinze jours par ce Village. Si vous êtes toûjours dans la même disposition, & que vous ne fassiez aucune difficulté de vous fier à la parole d'honneur d'un homme, qu'à la verité vous ne connoissez pas, mais dont je crois que la probité est écrite sur son visage, je vous menerai à Paris dans mon équipage, en vous traitant de la même façon que si vous étiez ma propre fille. Je lui fis là-dessus une profonde réverence, à laquelle ayant reparti par une autre, il remonta dans son carosse après nous avoir dit adieu jusqu'à son retour.

Lorsqu'il fut parti, ma nourrice me demanda si j'aurois assez de résolution pour aller à Paris avec ce Monsieur. Pourquoi non, lui répondis-je ? Il paroît honnête homme. Il fera peut-être ce qu'il a promis de faire pour moi ; & quand une fois je serai auprès d'une Dame, je chercherai quelque poste convenable à un jeune garçon ; & je ne croi pas être assez mal-adroit pour n'en pas trouver. L'Hôtesse ne fut pas trop fâchée de me voir disposé à suivre le Financier. Elle en tira même un bon augure pour ma fortune, & jugeant qu'il étoit temps de me livrer aux avantures que me réservoit mon étoile, elle ne combattit que foiblement mon dessein.

En attendant que je pusse l'exécuter, j'allai faire une visite à Lucile. Je me gardai bien de lui parler de notre prochaine séparation ; mais l'idée qui m'en revenoit sans cesse dans notre entretien m'arrachoit des soûpirs malgré moi. Je ne pus m'empêcher même de répandre quelques larmes. Lucile en fut attendrie, & les attribuant au chagrin que j'avois de ne la pas voir aussi souvent que je l'aurois desiré, console toi, ma chere sœur, me dit-elle en m'embrassant, nous ne vivrons pas toûjours éloignées l'une de l'autre. Le tems où l'on doit me mettre au Convent approche. Il me faudra une personne auprès de moi. Je ferai ensorte qu'on te choisisse. Nous passerons les jours & les nuits ensemble.

Que je fus sensible à ce trait de tendresse ! Adieu le projet de mon voyage de Paris. Adieu le Financier. Toutes les pensées de fortune dont je m'étois jusques-là si agréablement occupé, ne tinrent pas un moment contre les flateuses esperances que me donnoit ma chere Lucile, & je la quittai en goutant par avance les douceurs de ce tems heureux qu'elle venoit de me faire envisager.

J'eus pendant deux jours l'eſprit ſi rempli de cette charmante converſation, que je ne ſouhaitai plus le retour du Financier. Ma nourrice s'en apperçut, & me demanda pourquoi je paroiſſois dégoûté du voyage de Paris. Je lui en dis franchement le ſujet. Sur quoi en femme de bon ſens elle me repréſenta que j'avois tort de m'attacher à Lucile avec tant de fureur : que je ne pouvois plus cacher mon ſexe que peu d'années, & que malgré mes précautions, mes traits, ma voix, ma barbe, tout me trahiroit : que ſi jamais j'avois le malheur d'accompagner au Convent la fille du Baron, je ne manquerois pas de la perdre de réputation, & de me jetter moi-même dans un abîme affreux. Enfin elle me dit tant de choſes pour me faire entendre raiſon, que ſi je ne ceſſai pas d'aimer Lucile, je ſentis du moins la necessité de m'éloigner d'elle.

L'arrivée du Financier acheva de me déterminer au sacrifice de mon amour. Il fut ravi de me retrouver dans les mêmes sentimens où il m'avoit laissé. LHôtesse de son côté étoit bien aise de m'écarter du Château du Mesnil ; persuadée que si je demeurois dans le pays, si-tôt qu'on y viendroit à connoître mon sexe, la médisance n'épargneroit pas Lucile auprès de qui j'avois été élevé sous un habit de fille. Le Financier n'eut donc aucune contradiction à essuyer sur mon départ, qui fut fixé au lendemain avant le jour. Je passai une partie de la nuit à prendre des mesures avec ma nourrice pour nous donner réciproquement de nos nouvelles. Je mis ensuite mon habit le plus propre, & fis un paquet de tout ce que j'avois de linge blanc. L'heure de partir étant enfin venuë, j'embrassai cette bonne femme que l'habitude m'avoit rendu si chere. Nous pleurâmes tous deux comme à l'envi, sentant une veritable douleur de nous perdre l'un l'autre, & voulant néanmoins nous quitter. Le Financier protecteur après avoir de nouveau protesté à l'Hôtesse qu'elle devoit avoir l'esprit en repos sur moi, qu'il ne conduisoit à Paris, disoit-il, que pour me mettre en état de procurer à ma mere des jours fortunez, il me fit monter en carosse avec lui, & nous sortîmes du Village sans être vûs de personne.

Je n'eus pas sujet de me plaindre de sa retenuë sur la route. Tous ses discours furent mesurez. Il ne lui échappa aucune action, aucun geste, dont je pusse tirer une mauvaise augure. Il sembloit même interdire à ses yeux la liberté de se fixer sur moi. Il est vrai que je n'étois encore qu'un enfant ; mais il y a bien des hommes qui ne refuſent par leur attention aux filles qui ne font que de quitter la liziere. Auſſi mon Financier n'étoit-il pas ſi ſage qu'il le paroiſſoit. Au reſte, c'étoit un homme aſſez bien fait, & qui n'avoit pas plus de trente-cinq ans,

En entrant dans Paris, je fus ſcandaliſé de voir mon conducteur arrêté à une barriere par trois ou quatre faquins de Commis, à qui même il fut obligé de donner les clefs d'une valiſe qui étoit ſur le train du caroſſe, & que néanmoins ils n'oſerent ouvrir dès qu'il lui plût de leur décliner ſon nom & ſa qualité. Quoiqu'il m'eût averti qu'il ne me meneroit pas chez lui, je ne laiſſai pas de me trouver embaraſſé, lorſque je le vis renvoyer ſes gens & ſon équipage, pour entrer ſeul avec moi dans un méchant carosse de loüage, dont l'air délabré ne me présagea rien de bon. Je craignis qu'il n'eut intention de me conduire à quelque endroit, je ne dirai pas malhonnête, car je ne sçavois pas encore qu'il y en eût, mais dans quelque lieu désagréable pour moi.

J'en fus cependant quitte pour la peur. Nous descendîmes dans la ruë Saint Honoré à la porte d'une maison dont il étoit propriétaire. Là demeuroit une veuve qui avoit autrefois été femme de chambre de sa mere, & que son pere avoit brusquement mariée à son maître d'hôtel. Ce domestique pour se payer de sa complaisance avoit si bien ferré la mule, qu'après sa mort sa seconde épouse s'étoit trouvée puissamment riche. Mon protecteur à qui cette Dame rendoit mille petits services, avoit en elle beaucoup de confiance. Il me mit entre ses mains, en lui disant que j'étois une orpheline, fille d'un de ses Fermiers ; que s'étant apperçu que j'avois bien de l'esprit, il étoit dans le dessein de me faire élever dans un Convent, & de m'y donner des maîtres pour m'enseigner tout ce qu'il convenoit à une fille de sçavoir. Il la chargea du soin de choisir le Monastere, & lui promit que dès le lendemain il lui envoyeroit de l'argent pour me faire habiller, & pour acheter tout ce qui m'étoit necessaire pour entrer dans un Convent.

Il sortit là-dessus, & je demeurai avec la veuve, qui ne manqua pas de me sonder. Comme elle connoissoit mieux que moi le Financier, elle ne crut que ce qu'elle voulut de tout ce qu'il venoit de lui dire, & elle me fit mille questions pour juger par mes réponses

ponses de ce qu'elle devoit penser de moi. Il est plaisant qu'au lieu d'avoüer avec ingénuité de quelle maniere, & sur quel pied j'étois venu à Paris, j'alterai la verité pour soûtenir ce que le Financier avoit dit, comme auroit pû faire une Avanturiere qui auroit été d'accord avec lui.

Le jour suivant il tint parole: Il envoya une somme d'argent, qui certainement ne fut pas toute employée à me nipper, quoiqu'il mandât à la veuve que son intention étoit que l'on m'habillât fort proprement, & qu'on me fit passer dans l'esprit des Religieuses pour la fille d'un Gentilhomme de Province; la veuve gagna bien la moitié sur les emplettes. Elle mit promptement les Ouvrieres en besogne, & je fus servie avec tant de diligence, qu'au bout de quatre ou cinq jours j'entrai au Convent sans avoir revû le Protecteur, qui ſans doute avoit d'autres occupations, ou pour mieux dire qui me regardoit comme un fruit dont il falloit attendre la maturité.

J'avois crû que les Demoiſelles qu'on élevoit dans cette Maiſon, prendroient plaiſir à me voir & à me pratiquer à cauſe de la nouveauté. Mais je fus bientôt déſabuſée. Ayant appris que j'étois fille d'un Gentilhomme de campagne peu connu, elles me négligerent d'abord, & je fus réduit à la compagnie des Religieuſes chargées du ſoin des Penſionnaires. Je m'en conſolai facilement, & m'appliquant tout entier à profiter des leçons qu'un Maître à écrire & un Maître à chanter me donnoient tour à tour, je fis dans ces deux arts des progrès ſi ſurprenans, qu'en moins de ſix mois on ne parla dans le

Convent que de mon écriture & de mon goût pour le chant. Ce qui engagea peu à peu les grandes Pensionnaires à s'humaniser avec moi, & me procura l'entrée de leurs chambres.

N'admirez-vous pas, Messieurs, la conduite que le Financier tenoit avec moi; il ne m'avoit pas encore fait une visite depuis que j'étois dans cette Maison. En récompense, la veuve son agente me venoit voir assez souvent, & nous ne parlions que de lui. Elle m'en disoit tous les biens du monde. A l'entendre, c'étoit le plus honnête homme, & le plus généreux qu'il y eût dans les affaires du Roi. Elle me demandoit de sa part si je n'avois besoin de rien, & lorsqu'il la chargeoit de me donner dix pistoles, elle m'en remettoit quatre très-fidellement. De mon côté, je ne joüois pas mal mon personnage avec elle.

J'avois la politique de me plaindre de ce que le Protecteur n'ajoûtoit point aux bontez qu'il avoit pour moi celle de m'honorer d'une visite. Patience, ma fille, me disoit sur cela l'obligeante veuve ; il viendra bientôt à la grille vous dire lui-même pourquoi il s'est jusqu'ici privé du plaisir de vous voir.

Il n'y manqua pas effectivement ; il parut un jour au parloir avec la veuve du maître d'hôtel. Il me loüa d'abord sur la facilité que j'avois à apprendre les choses qu'on m'enseignoit. Il me dit ensuite qu'il s'étoit bien apperçû en me voyant pour la premiere fois, que je deviendrois en peu de tems une personne accomplie. C'est, ajoûta-t-il, ce qui m'a empêché de suivre le dessein de vous mettre au service d'une Dame. Vous me semblez plûtôt née pour être servie, & le Ciel ne permettra point que vous ſoyez déplacée. Non, ma belle enfant, & il ne tiendra qu'à vous de faire une fortune éclatante. Il ne faut pour cela que vous attacher à un homme riche, & de condition qui vous aime. En un mot, à moi. Cette bonne amie devant qui je vous offre mon cœur, ſçait que je n'ai ſur vous que des vûës légitimes. Si j'en avois d'autres, je ne tiendrois pas la conduite que je tiens. Au lieu de laiſſer germer votre vertu dans une Maiſon où l'on ne vous donne que de bons exemples, je vous éleverois dans les plaiſirs du monde, je vous menerois tous les jours aux ſpectacles, & je ne vous quitterois point que je n'euſſe triomphé de votre innocence.

Vous vous imaginez bien, Meſſieurs, que le Financier n'en demeura pas là. Il me dit mille autres choſes pour me prévenir en ſa faveur. Enſuite voulant ſçavoir ſi j'avois quelque diſpoſition à répondre aux ſentimens qu'il me témoignoit, il me demanda d'un air tendre s'il devoit eſperer que je n'aurois point de répugnance à lier ma deſtinée à la ſienne. Je lui fis réponſe que j'étois trop pénetré de ſes bontez, pour être capable de les payer d'ingratitude. Il parut tranſporté de joye à ces paroles, & prit delà occaſion de me preſſer de ſouſcrire à ſon bonheur. Après quoi, me laiſſant avec ſon agente, il ſe retira pour aller, me dit-il, dès ce moment faire travailler aux aprêts de notre Hymenée.

La veuve, ainſi qu'elle en étoit convenuë avec le Protecteur, me félicita ſur l'importance de ma conquête, & ſur la brillante figure que je ferois dans le monde, quand je ſerois l'heureuſe épouſe d'un ſi riche Financier, qui depuis trois jours avoit refusé pour l'amour de moi une fille de qualité qui lui avoit été proposée. Ensuite elle me conseilla de le bien ménager, & me dit en s'en allant que de son côté elle feroit tous ses efforts pour l'engager à terminer promptement une affaire qui m'étoit si avantageuse. Je vis bien après cette conversation que je touchois au dénouëment de la piece, & que par conséquent, je devois sans differer songer à quelque expédient pour me tirer de l'embaras où je me trouvois. Car enfin je me représentois que si j'avois l'audace de pousser les choses jusqu'à la derniere extrémité, le Protecteur pourroit se venger cruellement de la tromperie que je lui avois faite.

Pour m'affranchir d'une crainte qui me sembloit bien fondée, je rêvois jour & nuit au moyen de me sauver du Convent. J'examinai pour cela toutes les fenêtres & les murs de la Maiſon ; mais mon examen n'aboutit à rien qu'à me faire perdre l'eſperance de m'échapper. J'étois dans cette déſagréable ſituation, quand il nous vint une nouvelle Penſionnaire. C'étoit une grande fille que l'on ne recevoit que parce que ſa mere étoit parente de notre Superieure. On ne vouloit point dans cette Maiſon de ces grandes filles qui n'ont d'autre vocation pour la retraite que la volonté abſoluë de leurs parens, qui ne les y enferment ſouvent que pour mettre leur ſageſſe chancelante derriere un rempart de grilles & de verroux.

Notre nouvelle compagne ſe nommoit Camille. J'entrai dans ſa chambre dans le tems qu'on la meubloit, & je me mêlai à la converſation qu'elle avoit alors avec deux ou trois autres Penſionnaires. Je leur fis part d'une Lettre que je venois de recevoir, & par laquelle on me mandoit que dans quatre jours on me retireroit du Convent pour me marier. Comme je leur apprenois cette nouvelle d'un air aſſez triſte, elles ne purent s'empêcher de me dire en ſouriant qu'une pareille Lettre, à ma place, ne les affligeroit pas. Camille me fit pluſieurs queſtions ſur mon départ; elle me demanda ſi l'on emporteroit mes meubles dans une charette ou autrement, & dans quelle ruë j'irois demeurer.

Elle avoit ſes raiſons pour me queſtionner ainſi. Ma, Mignone, me dit-elle un ſoir en me prenant le bras au ſortir de la priere, j'ai des choſes de la derniere conſéquence à vous communiquer. Ne vous endormez pas ſi-tôt, afin que vous puiſſiez m'ouvrir votre porte; ou plûtôt ne la fermez point. Je n'avois garde de m'endormir, ni même de me coucher. J'étois trop en peine de sçavoir ce qu'elle avoit à me dire, & me tourmentant l'esprit pour le deviner, ne voudroit-elle point, disois-je, me charger de quelque Lettre de galanterie; ou n'auroit-elle pas quelque soupçon de mon sexe? Ces dégourdies-là ont des yeux plus pénétrans que les bonnes Religieuses. Camille me surprit dans l'inquiétude qui m'agitoit, & me confirma d'abord dans cette derniere pensée, en m'embrassant avec un transport qui me parut un peu violent de fille à fille.

Mon repos & le bonheur de ma vie sont entre vos mains, me dit-elle; il faut que je sorte de cette Maison qui n'est pour moi qu'un esclavage, & je n'en trouverai peut-être jamais une si favorable occasion que celle que vous pouvez me procurer, si vous êtes aussi disposée à me faire plaisir que je le serois à vous obliger dans une semblable conjoncture. Je lui promis de faire pour elle tout ce qui dépendroit de moi, & là-dessus m'ayant prié de l'écouter avec attention, elle reprit la parole de cette maniere.

Vous n'ignorez pas qu'il est peu gracieux à une Demoiselle d'un certain âge, d'avoir une mere qui se croit encore belle, & qui veut passer pour jeune, une coquette en un mot. C'est un malheur que j'éprouve dans toutes ses circonstances. Vous l'avez vûë cette mere jeune & belle le jour qu'elle m'est elle-même venu livrer à ma tante la Superieure, pour se défaire d'une rivale incommode ; si vous l'avez bien observée, vous m'avouërez qu'elle a grand tort de faire l'agréable. Croiriez-vous qu'à son âge & avec ſon air bourgeois, elle s'imagine être en droit de ſe plaindre quand elle n'a pas deux ou trois ſoupirans à ſa toilette ? Croiriez-vous auſſi qu'elle ne manque pas de gens oiſifs qui veulent bien faire ce ſot perſonnage ? C'eſt que depuis la mort de mon pere, elle joüit d'un gros revenu qu'elle employe à les régaler. On fait au logis bonne chere, & l'on y joue. Voilà ce qui les attire.

Pendant trois ou quatre ans, pourſuivit-elle, que cette belle Maman me craignoit moins que ſa femme de chambre, dont je faiſois les fonctions à ſa toilette, j'avois honte des pauvretez que lui diſoient ces adorateurs des apas de ſa table. Que de fades douceurs ils lui faiſoient avaler comme de l'ambroſie. Il faut que l'amour propre rende ſtupide une coquette, lorſqu'elle ne ſent pas qu'on lui donne de l'encenſoir par le nez. Si quelqu'un de ces Messieurs de meilleur goût ou moins dissimulé que les autres, s'avisoit de m'adresser quelque parole flateuse, j'étois huit jours sans paroître à table ; ma mere me bannissoit de sa vûë en me traitant de petite fille. Elle m'auroit volontiers foüettée devant le monde, pour mieux persuader que je n'étois qu'un enfant.

Dès que je connus la cause des mauvais traitemens que je recevois d'elle, je résolus pour m'en venger de prendre sur mon compte les empressemens de quelques jeunes gens, dont les yeux s'exprimoient aux miens avec énergie. Je leur faisois remarquer que je les entendois, en leur applaudissant d'un souris quand ils assaisonnoient de quelque geste ironique les loüanges qu'ils prodiguoient à ma mere, ou qu'ils me témoignoient par quelque signe qu'ils m'adressoient mentalement les discours galans qu'ils lui tenoient.

Un jeune Comte des mieux faits me déclara par plusieurs Lettres aussi tendres que spirituelles, que je lui avois inspiré une passion violente. Je cedai au plaisir de le croire sincere, & de l'ôter à une mere jalouse. Si-tôt que notre intelligence fut formée, le Comte pour la rendre plus secrete, affecta de paroître plus empressé auprès de ma rivale, qu'il ne l'avoit été auparavant. Elle en fut si charmée, que ne faisant plus attention qu'à lui seul, elle le choisit pour dépositaire de ses secrets. Elle lui fit confidence, il y a un mois, du dessein qu'elle avoit de me mettre au Convent, puisque je refusois un parti qui valoit mieux que moi. Ce parti est un vieux fou de parent que je ne puis souffrir. Elle me répete ſans ceſſe qu'il m'aime à la folie, & qu'il ne demande rien en m'épouſant, comme ſi une fille ne donnoit rien à un vieillard, en lui ſacrifiant ſa jeuneſſe & ſa beauté.

Si le Comte fut étourdi du projet que ma mere avoit formé de m'enfermer dans un Monaſtere, que devint-il quand elle ajoûta que pour lui prouver l'eſtime & l'affection qu'elle avoit conçûë pour lui, elle avoit pris la réſolution de lui offrir ſa main avec des avantages qui rendroient ſon ſort digne d'envie? Dans le trouble où ce diſcours jetta ſes eſprits, peu s'en fallut qu'il ne découvrît ſes ſentimens, néanmoins il eut la force de ſe contraindre, & me rencontrant par hazard toute ſeule, il me dit à l'oreille: Tout ſe diſpoſe pour que nous épouſions dans peu, moi votre mere, & vous un Convent.

En effet, deux jours après on m'amena dans cette Maison. Le Comte qui ne sçauroit à présent l'ignorer en est sans doute au désespoir. Il est vif; il aura été trouver ma mere, & je ne doute pas qu'il ne lui ait parlé dans des termes peu mesurez. Tout cela retombera sur moi. Elle est venuë d'un air furieux au Convent ce matin, pour ordonner qu'on ne me laisse voir aucune personne de dehors. Cet ordre qui coupe toute communication entre le Comte & moi, nous empêche de prendre des mesures pour nous rejoindre. Je suis sûre qu'il songe à m'enlever; mais je ne sçai par quel moyen il prétend en venir à bout. De mon côté, j'exerce aussi mon imagination sur le même sujet, & si je ne me trompe, vous pouvez m'aider à sortir d'ici sans éclat.

Je promis à Camille de contribuer à ſon évaſion, pourvû qu'elle me donnât parole à ſon tour de me prêter ſon aſſiſtance pour m'arracher des mains de ceux qui me retireroient du Convent. Je lui apris en peu de mots ma ſituation & mon deſſein. Je lui fis ſeulement un myſtere de mon ſexe, ne jugeant pas alors à propos de le lui découvrir. Elle parut ravie de me trouver dans la même diſpoſition où elle étoit. Hébien, lui dis-je, ſçachons donc quel ſervice vous attendez de moi. J'ai penſé, me répondit-elle, que le jour de votre ſortie de cette Maiſon, peut devenir le dernier de mon eſclavage. Vous voyez bien cette niche, ajoûta-t-elle en me montrant du doigt un bas d'armoire, qu'entre autres petits effets on m'avoit acheté pour meubler ma chambre, je m'enfermerai là-dedans le jour que vous démenagerez, vous me ferez porter jusqu'à l'endroit où l'on vous conduira, & de là je me sauverai chez le Comte.

J'aplaudis à cette belle invention, n'étant pas en âge d'en remarquer l'extravagance, & nous convînmes de tenter l'avanture. Ce stratagême toutefois ne fut pas mis en usage, & mes affaires changerent tout à coup de face. Ma veuve me vint voir dès le lendemain. Elle me parut si émuë que je jugeai qu'elle avoit quelque chose d'extraordinaire à m'aprendre. Je ne me trompai point dans ma conjecture : Ma chere enfant, me dit-elle, ce que j'ai à vous annoncer va bien vous surprendre. Votre protecteur a été arrêté hier au soir de la part du Roi, & conduit à la Bastille. Je ne sçai quel crime il peut avoir commis ; mais on dit que c'est un homme perdu. Quoiqu'il en puisse être, je viens vous assurer que je ne vous abandonnerai pas. Je veux vous ſervir de mere & vous donner tous les jours des marques de l'amitié que j'ai pour vous. Je viendrai demain payer votre penſion, vous faire ſortir d'ici & vous emmener chez moi où nous vivrons doucement enſemble, en attendant que le Protecteur ſe tire d'intrigue, ce qu'il fera peut-être bien-tôt.

Cette nouvelle me cauſa une ſecrete joye. Je fus ravi de me voir débarraſſé pour toujours de mon Financier, & perſuadé que je pourrois, quand il me plairoit, m'échaper de chez la veuve, j'acceptai l'aſile qu'elle me préſentoit fort genereuſement à ce que je croyois. Avant qu'elle vint me retirer, j'eus un nouvel entretien avec Camille, à qui j'appris le changement qui étoit arrivé dans mes affaires par l'heureux malheur du Financier, Elle m'en fit ſes complimens & me dit que de ſon côté elle avoit reçu une Lettre du Comte. Il me l'a fait tenir, ajouta-t-elle, par une femme de chambre qu'il a gagnée & qui ſeule a la permiſſion de me parler de la part de ma mere. Il me mande qu'il a formé un projet d'enlevement qu'il me communiquera au premier jour, & dont il aſſure que le ſuccès eſt infaillible.

Je témoignai à mon tour à Camille la part que je prenois à l'eſperance que ſon amant lui donnoit de l'arracher inceſſamment d'une retraite où elle ſe déplaiſoit ſi fort. Après quoi nous étant embraſſez à pluſieurs repriſes, nous nous ſéparâmes chacun occupé de ſes petites affaires. Enfin la veuve vint ſuivant ſa promeſſe payer ma penſion, faire enlever mes meubles, & m'ayant fait monter avec elle dans un caroſſe de remiſe, elle m'emmena dans ſa maiſon où je ſoupai avec un homme fort bien vêtu & déja ſuranné. Il y avoit auſſi à table une jeune Demoiſelle qui demeuroit en penſion chez la veuve, & pour qui le vieillard me parut avoir de grandes attentions. Il avoit un air galant, qui malgré ſon âge le rendoit encore de miſe. Il ſe retira entre onze heures & minuit. Quand il fut ſorti, la veuve me dit : ma chere fille, je partage mon lit avec ma penſionnaire. Je vous prie pour cette nuit ſeulement, de coucher avec Mariamne ; demain je ferai tendre dans une chambre particuliere le lit qui vous a ſervi au Convent.

Mariamne étoit une ſoubrette que la veuve avoit depuis peu priſe à ſon ſervice. Avec des apparences modeſtes, un air ſage & diſcret, elle avoit de la jeuneſſe, de l'eſprit, & ne manquoit pas de beauté. Nous paſſames une partie de la nuit à nous entretenir du Convent où j'avois été. Tandis que je lui racontois de quelle maniere innocente j'y vivois, elle ſoupiroit de temps en temps & me diſoit qu'il ſeroit à ſouhaitter pour moy que j'y fuſſe encore. Elle me repeta tant de fois ces paroles, que j'eus la curioſité de lui en demander la raiſon, ne comprenant pas pourquoi elle me plaignoit d'être dans le monde. C'eſt, me répondit elle, que vous allez vous occuper ici bien differemment. Si j'oſois vous dire tout ce que je penſe là-deſſus, vous verriez que ce n'eſt pas ſans ſujet que je déplore votre ſort. Parlez-moi, de grace plus clairement, lui dis-je, vous m'effrayez.

Promettez-moi donc reprit-elle, que vous garderez le ſecret & je ne vous cacherai rien. Je lui proteſtai qu'elle pouvoit compter ſur ma diſcretion. Cela étant, repliqua-t-elle, ſachez que vous êtes ici dans une maiſon où votre innocence court un grand péril. Je veux bien par pitié vous en avertir. La Demoiſelle que vous avez vûë eſt la Maîtreſſe du vieux Maltotier avec qui vous avez ſoupé. Il la vient voir preſque tous les ſoirs, & Madame partage avec elle les revenans-bons de cette galanterie. Ne vous imaginez pas qu'on vous ait fait ſortir du Convent dans un autre vûë que dans celle de vous procurer quelque riche galant à la place du Financier qui a été mis à la Baſtille & qui étoit ſur le point de vous tromper par un faux mariage. J'ai ſçu tout cela de notre Cuiſiniere. Je fais chercher ſous main une autre condition, n'étant pas d'humeur à m'accommoder de celle-ci.

Je remerciai Mariamne de m'avoir apris toutes ces particularitez, & par reconnoiſſance je lui découvris mon ſexe. Cette confidence fit plaiſir à cette bonne fille, qui me voyant hors du danger qu'elle avoit craint pour moi, prêta volontiers la main a l'exécution du deſſein que j'avois de troquer mes juppes contre des culottes. J'ai, me dit-elle, un frere qui eſt Marchand Fripier, demain de grand matin j'irai le prévenir. Je reviendrai auſſi-tôt vous prendre ici, & je vous menerai chez lui où je vous laiſſerai. Je ne vous en demande pas davantage, lui répondis-je. Dès que je me verrai chez votre frere, je me croirai au comble de mes vœux. Un Fripier préſentement eſt l'homme du monde qui m'eſt le plus neceſſaire.

Le lendemain Mariamne ſortit en effet à la pointe du jour, & après avoir mis ſon frere au fait ſur mon chapitre, vint me retrouver dans un Fiacre qu'elle avoit loüé & qu'elle fit arrêter à la porte. Pendant ce temps-là je fis un paquet de mon linge & de mes hardes avec quoi Mariamne & moi nous étant jettez dans le caroſſe, nous gagnâmes la maiſon du Fripier, où je fus bientôt métamorphoſé en garçon. Toutes mes hardes de fille, dont quelques unes étoient magnifiques, me devenant inutiles, furent venduës ſur le champ & de l'argent qui m'en revint j'eus dequoi m'habiller fort proprement en homme depuis les pieds juſqu'à la tête. Que je fus content de moi ſous cette forme ſi deſirée ! Un Chevalier nouveau n'eſt pas plus fier de ſa croix, ni un nouvel Evêque de ſa mitre, que je l'étois de mes culottes. Enfin, je ſortis de chez le Fripier, qui m'ayant loüé lui-même une chambre garnie m'y conduiſit & recommanda fortement à l'Hôte d'avoir ſoin de moi.

Me voici donc à quinze ans abandonné à ma propre conduite, poſſedant pour tout bien un habillement complet avec quelques chemiſes & une vingtaine de piſtoles que je pouvois avoir reçûës du Financier pendant mon ſejour au Convent. Mon Hôte m'enſeigna une Auberge où ſans qu'il en coutât beaucoup on faiſoit aſſez bonne chere. J'y allois tous les jours dîner & ſouper. Je remarquai qu'il ne venoit là que des gens bien vétus. Les jeunes gens font aiſément des connoiſſances. Je me faufilai entre autres avec un Cavalier de figure agréable, plus vieux que moi de quelques années, & petit-maître en diable, ce qui ne me déplaiſoit nullement. On l'appelloit Monſieur le Marquis, & c'étoit effectivement un homme de condition,

Cependant en vivant à l'Auberge & en battant le pavé de Paris mes fonds baiſſoient à vûë d'œil, & me repreſentant preſque à toute heure l'embarras où je me trouverois quand j'aurois mangé ma derniere piſtole, je paroiſſois quelquefois ſi triſte & ſi rêveur, que le Marquis s'en étant un jour aperçu m'en demanda la cauſe. Je ne la lui cachai point & je lui avoüai que j'aurois beaucoup d'obligation à un homme qui me procureroit quelque bonne place dans un Bureau. Je ferai votre affaire, me dit alors le Marquis. Je connois un Partiſan à qui je parlerai de vous, & je ſuis aſſuré qu'à ma conſideration il vous rendra ſervice.

Le Marquis ne ſe vantoit pas d'un credit qu'il n'avoit point. Il écrivit en ma faveur à un ſoi croyant ſon parent, intereſſé dans deux ou trois Compagnies de maltote, & le mot de mon cher coufin repeté dans deux ou trois endroits de fa Lettre fit des merveilles. Comme j'étois porteur du billet, le Partifan me reçut gracieufement contre la coutume de ces Meffieurs qui font aux Commis un accueil rebarbatif, & il n'eut pas fitôt vû de mon écriture qu'il m'arrêta pour travailler fous lui, en me difant qu'il vouloit me former l'efprit & la main.

Il me mit d'abord au fait des affaires particulieres, fi bien qu'au bout de fix mois il s'en repofoit fur moi entierement. A l'égard de ce qu'il appelloit les affaires du Roy, il étoit plus refervé. C'étoient des fecrets pour tout autre que des Interreffés. Quelquefois en arrivant de la Ville je lui faifois des complimens de la part de fon coufin le Marquis, que je n'avois pourtant pas vû,

& avec lequel je cessai d'entretenir commerce. Ce qui le mettoit de si bonne humeur qu'il se répandoit volontiers en discours qui ne finissoient point. Alors il me faisoit des épanchemens de cœur qui servoient à m'initier dans les sacrés mysteres de la Maltôte. A l'entendre une affaire n'étoit pas des meilleures quand elle ne rendoit que cent pour cent.

Si je lui avois moins été utile, il m'auroit placé de façon que j'eusse pû m'engraisser ; mais par malheur pour moi il s'étoit accoutumé à ne se plus mêler que des grandes affaires & à m'abandonner les petites. Que de postes lui vis-je donner à des gens qu'à peine il connoissoit. Il étoit si obligeant qu'il rendoit service à quiconque se présentoit à lui, & si desinteressé qu'il declaroit qu'il ne recevroit ni argent ni presens de perſonne, diſant qu'il étoit trop ſatisfait quand on rempliſſoit ſon devoir. Il eſt vrai que ſa femme interpretoit ce devoir à ſa guiſe, & tiroit parti de tout. Selon les lieux où ſe rendoient les Commis à qui ſon époux procuroit des emplois, elle les prioit de lui faire des commiſſions qui entretenoient chez elle l'abondance, & les Commiſſionnaires par reconnoiſſance ou par timidité ne parloient jamais de ce qu'ils avoient débourcé.

Dès qu'elle ſçavoit l'endroit où chacunes de ces petites ſangſuës alloit apprendre à ſuccer, elle s'informoit du commerce qui s'y faiſoit & de ce que produiſoit le terroir ou l'adreſſe des habitans; vins, cidres, pâtez, gibier, beurre & fromages de toute eſpece pleuvoient au logis tous les jours. Mais le peu d'intelligence d'un Commis dérangea ce manége de la Dame. Un jeune homme avoit obtenu un emploi à ſaint Valery en Picardie. La patrone ſçeut qu'on faiſoit près de là des biſcuits ſecs aſſez bons, & qui ne ſont connus que ſous le nom de biſcuits d'Abbeville. Elle écrivit auſſi-tôt au jeune homme pour le prier de lui en envoyer une caiſſe, lui mandant que ſon mari les aimoit beaucoup & qu'il en vouloit faire quelques preſens. Vous m'en marquerez le prix, ajoutoit-elle dans ſa Lettre, afin qu'on vous le faſſe toucher ſur le champ.

Le Commis trop exact envoya les biſcuits & marqua qu'il y en avoit pour dix piſtoles qu'il payeroit au Marchand ſitôt qu'on lui auroit fait tenir cette ſomme par une Lettre de change ou autrement. Cette réponſe déplut à la Dame, qui la trouva pleine d'étourderie & d'ingratitude. Et pour apprendre à ce Novice ce que les Pigmées des Finances doivent aux Interressez dans les affaires du Roy, elle le fit promptement révoquer, & sa place fut donnée à un autre. Ce malheureux Commis, qui n'avoit vû la terre d'abondance que de dessus la montagne, n'ayant pas eu le temps de réparer sa faute, ne put payer le Marchand de biscuits; mais il lui remit la lettre par laquelle il avoit été chargé de l'achât, & lui enseigna le nom & la demeure du Maltotier à Paris. Le Marchand part pour cette Ville, s'adresse directement au Partisan, & lui demande le payement de ses biscuits. Le Financier se moque de lui & le traite même de fripon. Que fait le Marchand? il prouve l'envoy de la caisse adressée au Partisan, & la reception qui en a été faite en son nom. Enfin il se donne tant de mouvemens qu'il découvre juſqu'à la boutique où l'on a compté dix écus pour leſdits biſcuits à la Maltôtiere.

Tel fut l'écueil où ſe briſa la réputation de généroſité que le Financier s'étoit acquiſe, & le monde qui eſt fort méchant le crut complice du procedé de ſa femme. Ce qu'il y eut encore de plus fâcheux pour lui, c'eſt qu'au lieu de payer le Marchand pour éviter l'éclat, il ſe laiſſa pourſuivre en juſtice & fit rire tout Paris à ſes dépens. Il ne pouvoit plus paroître dans les ruës ſans entendre crier à ſes oreilles: *Biſcuits d'Abbeville.*

Il acheta dans ce temps-là * près de Paris une maiſon de campagne où il étoit preſque toujours avec ſa femme & ſa fille, comme s'ils n'euſſent oſé ſe montrer dans la Ville depuis l'hi-

* 1688.

ſtoire des biſcuits. Pendant ſon abſence j'étois chargé du ſoin de ſes affaires. Il avoit une entiere confiance en moi. De mon côté étant plus ſouvent dans une ſalle d'armes ou à la promenade qu'à mon Bureau, j'étois obligé de faire porter le baſt à mon Commis en ſecond, Commis qui véritablement commençoit à en faire quelques fonctions, mais ſans ceſſer, tant il étoit officieux, de nous ſervir à table & d'exercer par interim l'emploi de valet, en attendant qu'un autre vint le relever. Combien de riches Financiers ont débuté de cette façon.

Nous allions mon Confrere & moi tous les ſamedis au ſoir à la campagne, & nous en revenions les lundis de grand matin. Nous y paſſions auſſi toutes les Fêtes, pour ne pas mettre le pot au feu dans deux endroits ſans neceſſité. Nous étions toujours bien reçus, parce qu'il n'y avoit d'amuſemens & de plaiſirs dans cette maiſon que quand nous y étions. Comme on n'y regarde pas de ſi près à la campagne, la femme de chambre & le valet-Commis mangeoient avec nous à la grande table. Cela rendit inſenſiblement celui-ci moins timide, ou plutôt plus entreprenant. Un autre à ſa place s'en ſeroit tenu à la cuiſiniere, ou n'auroit élevé ſa penſée que juſqu'à la femme de chambre; mais lui plus ambitieux forma le deſſein d'être le favori de la fille de ſon Maître & de puiſer ainſi le droit legitime de s'enrichir au dépens du Public dans le plus pur ſang d'un opulent Maltotier.

Son triomphe à la verité eut été plus glorieux s'il eut eu des rivaux à combattre, & que la place qu'il vouloit attaquer eût été mieux fortifiée qu'elle ne l'étoit. Le Financier & ſa femme incapables de tout autre ſoin que de s'enrichir, ou perſuadez que lors qu'une fille ne ſe garde pas elle-même, on feroit en vain comme Acriſius les frais d'une tour d'airain, laiſſoient à la leur un pouvoir deſpotique ſur ſes apas. Il eſt vrai qu'elle en avoit ſi peu, qu'il ſembloit qu'elle n'eût qu'à ſe montrer pour écarter par ſa laideur le galant le moins dégouté. Pour moi, je la trouvois ſi reſpectable que je ne pus avoir qu'une ſterile reconnoiſſance de mille tendres attentions qu'elle avoit pour moi. Quand je me mettois en frais de lui dire quelque douceur, ce qui m'arrivoit rarement, je la fuyois auſſi-tôt pour lui cacher la violence qu'elle auroit vû que je venois de me faire.

Elle fit tant de démarches inutiles pour me plaire, qu'à la fin elle se lassa de m'agacer ; & rabattant sur le Commis à deux mains qui ne lui faisoit que trop connoître son amour par ses regards, elle n'opposa point un nuage aux embrassemens de ce nouvel Ixion. Tandis que moins délicat que moi il possedoit tranquillement les bonnes graces que j'avois dédaignées, le hazard m'engagea dans une galanterie fort propre à donner à un galand Ecolier les élémens du libertinage.

Je m'avisai un soir de me déguiser en Espagnol pour aller au Bal dans une grande maison. Cet habillement convenoit fort à la finesse de ma taille, & j'étois si persuadé que je pouvois passer pour ce qu'on appelle un beau fils, que j'affectai de ne me masquer qu'en entrant dans la salle du Bal. Dès que j'y parus, quelques Dames commencerent à me faire des mines. J'y répondis, & pour un novice je ne joüai point mal mon rolle. Je fis un coup de maître pour mon coup d'essai. Je forçai un des plus superbes masques de l'assemblée à sacrifier à l'Idole Espagnole. C'étoit une Dame vêtuë en Amazone & qui avoit un air de Princesse. Elle me fixa d'abord & me serra la main en passant auprès de moi. Je jugeai que sans quelque Argus qui l'accompagnoit elle ne s'en seroit peut-être pas tenuë là, & je pris le parti de la suivre sans affectation. Elle s'en apperçut & je crus remarquer qu'elle mouroit d'envie de me parler. Je ne me trompois point. Pendant qu'un homme qui étoit avec elle alla lui chercher des oranges & des biscuits, elle s'approcha de moi avec précipitation & me dit sans autre préambule que si j'étois discret & capable d'un attachement, je n'avois qu'à lui dire mon nom & mon adresse. Ce que je ne manquai pas de faire avec empreſſement. En même tems je voulus lui baiſer la main qu'elle m'avoit tenduë, mais elle la retira fort vîte, dans la crainte aparemment que ſon jaloux ne vît cette action, & un inſtant après elle diſparut de la ſalle du Bal.

On ne ſçauroit s'imaginer avec quelle impatience & quelle agitation je paſſai les deux jours ſuivans. Je n'oſois ſortir de peur de ne me pas trouver au logis à l'arrivée du Mercure de ma Déeſſe. Je me tenois dans mon Bureau juſqu'à l'heure des ſpectacles. Alors j'allois à la Comédie ou à l'Opera, dans l'eſperance d'y rencontrer la perſonne que je cherchois, comme ſi j'euſſe dû la reconnoître, quoique je ne l'euſſe vûë que maſquée, j'examinois toutes les Dames qui paroient les premieres loges, & il me ſembloit quelquefois que parmi des

Marquiſes & des Ducheſſes, je démêlois la Nymphe qui me tenoit au cœur. J'eſperois du moins qu'en m'étalant ſur le théâtre je me ferois remarquer d'elle & l'obligerois à me tirer d'inquiétude. Neanmoins malgré la bonne opinion que j'avois de mon merite, je ne laiſſois pas de penſer auſſi que mon Amazone bien differente de celle d'Alexandre, pouvoit n'avoir eu envie que de ſe moquer de l'Eſpagnol en le faiſant ſoupirer à la mode de ſon pays.

J'étois depuis ſix jours dans cet état violent lorſqu'une bonne femme auſſi matinale, mais moins belle que l'Aurore, me fit éveiller pour me dire de la ſuivre où elle avoit ordre de me conduire. Je devinai bien dequoi il s'agiſſoit. Je priai la vieille de me donner le temps de m'habiller, & quand cela fut fait nous voilà tous deux dans la ruë. Je voulus lui faire quelques queſtion ſur ſa maîtreſſe : Ne me parlez point, Monſieur, me dit-elle, & ſouffrez que je marche devant vous. J'obéïs de peur de perdre par mon indiſcretion peut-être une fortune brillante. Chemin faiſant, attentif à tous les pas de ma conductrice, chaque fois que je la voyois près de quelque grand Hôtel, je m'imaginois qu'elle y alloit entrer, & je me trompois toujours. Elle s'arrêta devant une maiſon qui ne s'accordant pas avec l'idée que je m'étois faite de mon Amazone, ne me parut pas devoir être ſa demeure. J'aimai mieux croire que c'étoit une maiſon d'emprunt pour me recevoir plus ſecretement. C'étoit pourtant là qu'elle faiſoit ſon ſejour ordinaire, & la magnificence qui regnoit au dedans me fit bientôt oublier la modeſte aparance du dehors.

Je traversai trois ou quatre pieces d'un appartement superbement meublé ; d'où je passai dans une salle où la nappe encore mise & un grand débris de verres & de bouteilles me firent juger que l'on venoit d'y passer la nuit à table. De là on m'introduisit dans un cabinet où je n'entrai qu'en tremblant ; mais mon trouble étoit assez justifié par la nouveauté de me voir joüer un rolle d'homme à bonnes fortunes. Ma Princesse jugeant à mon air timide & embarrassé que j'avois besoin qu'on me façonnât, en voulut bien prendre la peine pour mettre la derniere main à mon éducation. En nous séparant nous convînmes du jour que nous nous reverrions, & elle me fit accepter malgré moi le premier bijou qui lui tomba sous la main entre mille qu'il y avoit sur sa toilette ; c'étoit une fort belle tabatiere d'or.

Je devins genereux à mon tour, je donnai deux écus à la vieille qui m'avoit amené là, & j'appris d'elle pour mon argent que sa maîtresse, à qui je n'avois osé marquer la moindre curiosité la dessus, étoit une fille de théâtre honoraire; qu'après avoir quelque temps brillé sur la scene, elle s'étoit retirée & se bornoit sagement à ruiner une riche dupe qui l'accabloit de presens; que ce galant avoit passé la nuit chez elle avec deux de ses amis, & qu'il avoit fallu les porter tous trois de la table à leurs carosses.

Je fus obligé de rabattre un peu de la haute idée que je m'étois faite de mon heroïne. Ce n'est pas qu'à la façon seule dont elle avoit ébauché cette intrigue, je n'eusse dû juger sainement de sa condition; mais il y a tant de femmes d'importance qui encherissent sur les avanturieres en fait de débauche, que la chose étoit problematique. Si je perdois du côté de l'honorable, j'en étois bien dédommagé par le plaisir d'être aimé d'une personne fort aimable & de plus à la mode. Outre cela elle me sacrifioit un illustre rival, un haut & puissant Seigneur, avec qui je n'étois pas peu fier de contracter une espece de consanguinité.

Le jour que nous avions choisi pour une seconde entrevûë se passa très-agréablement. Je m'en retournai à mon Bureau avec une montre d'Angleterre que je ne pus encor me défendre d'accepter. Il en fut de même dans toutes les autres visites que je fis à cette genereuse coquette. Elle me força toujours à recevoir d'elle quelque bijou, & entr'autres un diamant de mille écus que je donnai dix ou douze ans après à mon épouse pour present de nôces.

* En quatre ou cinq mois de commerce dans ce Perou je me mis ſi bien fond que je commençai à croire que je faiſois beaucoup d'honneur à mon Maltotier en daignant demeurer chez lui. Quoique preſque toutes ſes affaires me paſſaſſent par les mains il ne pouvoit me ſoupçonner de m'être engraiſſé dans ſa maiſon, puiſqu'à proprement parler, je n'avois eu en maniement que du papier & la bouteille à l'encre ; c'eſt pourtant de cette maiſon, de laquelle je ne devois attendre ni bien ni mal, que partit l'orage qui renverſa ma fortune peu ſolide, & qui comme un tourbillon me tranſporta dans une terre étrangere, ainſi que je vais vous le dire.

L'intrigue du Commis à deux mains mon demi-confrere, avec la fille de ſon Maître, quoique

* 1689.

conduite fort ſecretement, devenoit de jour en jour plus difficile à cacher, & vous vous imaginez bien pourquoi. La taille de la pauvre enfant ſe gâtoit à vûë d'œil. La mere s'en apperçut & en avertit ſon mari. Ils tinrent tous deux conſeil là-deſſus, & ſe gliſſant une nuit dans la chambre de leur fille pendant qu'elle dormoit, ils découvrirent ce qu'ils cherchoient & ſouhaittoient de ne pas trouver. Nouvelle & miſerable Calixto, quelle honte pour toi de voir à nud ton coupable embonpoint expoſé aux yeux non de ſcrupuleuſes compagnes, mais d'un pere outragé & d'une mere en fureur!

En faiſant cette découverte, le pere éleva la voix & adreſſa ces paroles à ſa fille d'un ton ſi haut que je les entendis diſtinctement de ma chambre, qui n'étoit ſéparée de celle où ſe paſſoit cette ſcene que par une foible cloiſon : Infâme que tu es, veux-tu donc nous perdre entierement ? Ce n'étoit pas aſſez de la malheureuſe affaire d'Abbeville ; il faut encore que nous ayons le chagrin de donner une nouvelle matiere au monde de rire à nos dépens. Ces mots furent ſuivis d'une grêle de ſoufflets & de coups de poing que la mere fit tomber ſur la delinquante, qui ſe ſentant réveiller ſi deſagréablement ſe mit à pouſſer des cris éclatans. Le Financier plus moderé que la femme, l'empêcha de continuer à maltraiter ſa fille, à laquelle il demanda par qui elle avoit eu la foibleſſe de ſe laiſſer ſéduire. Elle heſita quelque temps à répondre, malgré la menace qu'on lui faiſoit de lui caſſer les bras à coups de bâton ſi elle ne parloit ; mais ſoit qu'elle craignît que la baſſeſſe de ſes inclinations ne lui attirât le châtiment qu'on lui promettoit, ſoit qu'elle ne fut pas fâchée de ſe venger du mépris dont j'avois payé mille avances qu'elle m'avoit faites, & qu'elle crut qu'on m'obligeroit à l'épouſer, elle eut l'effronterie de dire que c'étoit moi qui avoit triomphé de ſa vertu.

Quelque étonné que je fuſſe de l'impudence qu'il y avoit dans cette accuſation, j'écoutai fort attentivement le reſte d'une ſcene qui commençoit à m'interreſſer. Je n'en perdis pas un mot. Le mari & la femme me prodiguerent des épithetes qui marquoient bien leur reſſentiment. Ils n'étoient embaraſſez que de l'eſpece de vengeance à laquelle ils devoient s'arrêter. La femme ne parloit que d'aſſommer, que de roüer de coups; mais le Maltotier moins vif & plus politique fut d'avis que pour ſe délivrer d'un d'un monſtre tel que leur fille, il falloit me la faire épouſer & nous abandonner enſuite tous deux à notre mauvais deſtin. S'il s'aviſe, diſoit-il, de faire la moindre reſiſtance à nos volontez, je le ferai pourrir dans un cachot.

L'eſperance qu'eut l'accuſatrice que je préfererois ſa poſſeſſion, quelque ſujet que j'euſſe de n'en être pas content, à une priſon perpetuelle, la conſola des coups qu'elle avoit reçus. Elle me dit le lendemain d'un air inſolent que c'étoit ma faute ſi elle avoit été réduite à la fâcheuſe neceſſité d'employer un tiers pour me rendre ſervice malgré moi. Que ſes parens n'auroient jamais voulu conſentir à nous marier tous deux ſans cette heureuſe faute, qu'un excès d'amour pour moi lui avoit fait commettre. Cela pouvoit être encore vrai, & cependant telle fut mon ingratitude, que ſans lui tenir compte de ſa bonne volonté je pris incivilement la liberté de la pouſſer par les épaules hors de mon Bureau, où elle avoit eu la hardieſſe de venir m'annoncer la réſolution où ſon pere étoit d'unir nos deſtinées.

Un moment après avoir eu avec elle cet entretien, je vis paroître le Maltotier, qui m'adreſſa un long diſcours qu'il avoit préparé, pour me faire valoir la bonté qu'il avoit de vouloir bien livrer ſa fille à un avanturier, au lieu de le mettre entre les mains de la juſtice pour le faire punir comme un ſuborneur de la fille de ſon maître. Je lui répondis froidement qu'il me prenoît pour un autre : que ſi ſa fille avoit fait un faux pas, ce n'étoit pas moi qui le lui avoit fait faire : que je la trouvois plus propre à éteindre la concupiſcence qu'à l'allumer ; en un mot que n'ayant pas été ſon galant, je ne ſerois jamais ſon époux.

L'air dédaigneux dont je prononçai ces paroles piqua le Maltotier, qui ſe faiſant violence pour me cacher la fureur qui le dominoit, me dit en s'éloignant de moi : Mon petit Monſieur, faites là-deſſus vos refléxions, & ne m'obligez point à vous prouver que j'ai encore aſſez de crédit pour humilier votre fierté. Je lui repartis, mais il n'entendit pas, que mon parti étoit tout pris, & que bien different des pareſſeux qui aiment à trouver beſogne faite, je ne voulois pas recueillir le fruit des peines de mon prochain.

Le jour ſuivant le Financier me demanda quelle étoit ma réſolution ſur ce qu'il m'avoit propoſé. Je lui répondis que je ne pouvois en prendre d'autre, que de le prier de ſe pourvoir d'un nouveau

Commis, & d'examiner mes Livres. Voilà donc, reprit-il, à quoi vos refléxions ont abouti. J'en ſuis fâché pour vous. En achevant ces mots il me quitta pour aller employer contre moi tout ſon crédit & pour ſe venger d'un refus dont il ne connoiſſoit pas la juſtice

Il n'y travailla pas en vain : je fus arrêté deux jours après dans la ruë par une troupe d'Archers qui vinrent fondre ſur moi. J'eus beau leur dire que je n'avois pas envie de faire la moindre réſiſtance, ils me ſecouerent & me houſpillerent d'autant plus que chaque ſecouſſe faiſoit tomber dans leurs mains, ma tabatiere, ma montre, ou mon argent. Ils me jetterent enſuite dans un Fiacre, & me conduiſirent au Châtelet. Avant que d'y arriver, je pris garde que j'avois encore au doigt mon diamant; heureuſement pour moi mon eſcorte ne l'aperçut point, ce qui m'épargna une furieuſe ſecouſſe. Pour le ſauver des griffes de ces oiſeaux de proye, qui ſont des voleurs privilegiés, je fis ſi bien qu'avec mes dents je le détachai de l'anneau & le gardai dans ma bouche.

Ce qui ſans doute avoit déterminé le Maltotier à me faire giter ſi promptement au Châtelet, c'eſt qu'il avoit apris qu'il en devoit partir inceſſamment un grand convoy pour le Canada. Je n'eus pas en effet le chagrin de coucher ſur la paille; car dès la nuit même je ſortis de priſon pour être tranſporté à Quebec avec tous les honnêtes gens que la Cour envoyoit alors dans cette Colonie. Quand je ſçus que je devois être de ce voyage involontaire, & qu'il fut queſtion de ſe mettre en chemin, je m'aviſai pour mes pechez de faire le retif & de proteſter qu'en m'arrêtant on s'étoit trompé ; on se mocqua de mes plaintes, & je n'y gagnai que des gourmades, ou pour parler plus juste, les Officiers qui avoient ordre de nous conduire étoient payés pour cela. Je leur avois été bien recommandé. C'est dequoi je m'aperçus lors qu'au lieu de me faire aller à pied avec un grand nombre de malheureux qu'on menoit comme moi par force en Canada, on me fit l'honneur de me mettre parmi les personnes de distinction, je veux dire avec celles qui faisoient ce voyage en voiture. On m'accorda une place dans une charette, où deux redoutables Archers armés de carabines occupoient chaque bout & nous tenoient en respect.

Fin du troisiéme Livre du premier Tome.

www.ingramcontent.com/pod-product-compliance
Lightning Source LLC
LaVergne TN
LVHW010533100826
845148LV00001B/168

* 9 7 8 2 0 1 2 1 8 5 8 2 1 *